教师普通话水平提升系列教材

ZHONG-XIAOXUE JIAOSHI
PUTONGHUA YINGYONG JIAOCHENG
YUYIN JICHU

中小学教师
普通话应用教程
语音基础

田靓　主编
刘思维　丁险峰　编著

北京语言大学出版社
BEIJING LANGUAGE AND CULTURE
UNIVERSITY PRESS

图书在版编目（CIP）数据

中小学教师普通话应用教程．语音基础 / 田靓主编；刘思维，丁险峰编著．-- 北京：北京语言大学出版社，2021.9

ISBN 978-7-5619-5948-0

Ⅰ．①中…　Ⅱ．①田…　②刘…　③丁…　Ⅲ．①中小学－教师－普通话－教材　Ⅳ．① H193.2

中国版本图书馆 CIP 数据核字（2021）第 170065 号

中小学教师普通话应用教程·语音基础

ZHONG-XIAOXUE JIAOSHI PUTONGHUA YINGYONG JIAOCHENG · YUYIN JICHU

排版制作：北京创艺涵文化发展有限公司
责任印制：周　燚

出版发行：北京语言大学出版社
社　　址：北京市海淀区学院路 15 号，100083
网　　址：www.blcup.com
电子信箱：service@blcup.com
电　　话：编辑部　8610-82303390
国内发行　8610-82303650/3591/3648
海外发行　8610-82303365/3080/3668
北语书店　8610-82303653
网购咨询　8610-82303908
印　　刷：北京联兴盛业印刷股份有限公司

版　　次：2021 年 9 月第 1 版　　印　　次：2021 年 9 月第 1 次印刷
开　　本：787 毫米 × 1092 毫米　1/16　　印　　张：13
字　　数：216 千字
定　　价：46.00 元

PRINTED IN CHINA

编写说明

本教程是教师普通话教学系列教材，旨在落实新时代国家通用语言文字工作的基本原则和主要目标。本教程以“普通话+教师职业技能”为编写特色，依据《普通话水平测试实施纲要》，结合主流中小学教材及教学参考用书实例，遵循“精讲多练、练习为主、应用为重”的原则，以期实现两个基本目标：提升中小学在职教师运用国家通用语言文字有效开展教学实践的水平，培养师范学生运用国家通用语言文字进行教育教学的能力。

本教程主要适用于中小学教师及教辅人员、各级各类师范院校的在校学生，用以提升普通话职业应用能力。

● 教材架构与内容

本教程共3册，包括《语音基础》《应用与实践（上）》《应用与实践（下）》。

《语音基础》共20课，以普通话语音知识为纲领，提供语音基础知识，展现发音要领与技巧，有针对性地释疑解惑，并配有丰富的练习材料。练习材料密切结合《普通话水平测试实施纲要》，具有很强的实用性。

《应用与实践》分为上、下两册，每册10课，以主流中小学教材和教学参考用书为选材基础，精选字、词、句、篇，提供科学、多样、充足的系统练习，以高效的实践训练全面提升教师在课堂教学和教育管理工作中的普通话应用能力。

● 教材特色与理念

本教程坚持以应用为导向的编写思路，采用“讲—练—用”一体化的编写模式，全面落实“讲练结合、以练助讲、重在实践”的编写理念。

1. 专题化视角与配套性选材

选材覆盖语文、数学、道德与法治、科学、物理、化学、地理、历史、音乐、美术等十大学科门类，兼顾小学、初中两个教学阶段，尽可能提供丰富的内容，以满足练习需求。

2. 多元化方法与靶向性练习

提供多种练习方式，以提高学习者听、读、记、辨等语音基本技能；练习内容层次清晰，靶向明确，直指中小学教学内容与教学语言，体现“精准练习、练后即用”的教学理念。

3. 模块化教学与渐进式提升

教学与练习模块设计科学，力求深入浅出地拓展语音知识，推动学习者逐渐提升发音技能，构建并完善普通话发音词典，最终能够以准确的普通话自由、通畅地表达思想。

期待与目标

本教程致力于将国家通用语言文字能力与教师职业技能和综合素质提升密切结合起来，这是普通话教育教学的新领域。我们期待学习者在系统学习本教程并认真练习后能够：

——提高对普通话语音系统的认知水平；

——深入了解自己的发音优势与（方言）问题；

——有意识地监控自己的发音，不断提高普通话发音的熟练水平，直至达到自动化、无意识化；

——在教师职业生活中准确流利地使用普通话开展工作，逐步养成习惯。

课程安排建议

《语音基础》和《应用与实践》配套使用，同步进行，可以根据实际情况灵活设置课程。下面提供两种参考方案。

1. 短期强化教学方案：每天 2 课时，一周 10 课时，8 周完成教学。

周次	星期一	星期二	星期三	星期四	星期五
1	第 1 课	第 1 课	第 2 课	第 2 课	第 3 课
2	第 3 课	第 4 课	第 4 课	第 5 课	第 5 课
3	第 6 课	第 6 课	第 7 课	第 7 课	第 8 课
4	第 8 课	第 9 课	第 9 课	第 10 课	第 10 课
5	第 11 课	第 11 课	第 12 课	第 12 课	第 13 课
6	第 13 课	第 14 课	第 14 课	第 15 课	第 15 课
7	第 16 课	第 16 课	第 17 课	第 17 课	第 18 课
8	第 18 课	第 19 课	第 19 课	第 20 课	考试

2. 学期制教学方案：一周 4 课时，20 周完成教学。

<table>
<tr><th>教学周</th><th>语音基础（分册）</th><th>应用与实践（分册）</th></tr>
<tr><td>第 1 ～ 10 周</td><td>第 1 ～ 10 课（每课 1 课时）</td><td>第 1 ～ 10 课（每课 3 课时）</td></tr>
<tr><td>第 11 ～ 19 周</td><td>第 11 ～ 19 课（每课 1 课时）</td><td>第 11 ～ 19 课（每课 3 课时）</td></tr>
<tr><td rowspan="2">第 20 周</td><td>第 20 课（1 课时）</td><td>第 20 课（1 课时）</td></tr>
<tr><td colspan="2">期末考试（2 课时）</td></tr>
</table>

● **课时安排建议**

《语音基础》与《应用与实践》配套使用，4 个课时完成一课的教学任务。

<table>
<tr><th>课时</th><th>所使用的教材</th><th>具体学习内容及练习项目</th></tr>
<tr><td rowspan="2">第 1 课时</td><td rowspan="2">《语音基础》</td><td>必学：知识解析、基础练习</td></tr>
<tr><td>选学：综合练习</td></tr>
<tr><td>第 2 ～ 3 课时</td><td rowspan="3">《应用与实践》</td><td>必学：快速起步、精准突破、专项提升</td></tr>
<tr><td rowspan="2">第 4 课时</td><td>必学：综合实践之专业材料朗读、教学用语示范</td></tr>
<tr><td>选学：综合实践之情境化任务</td></tr>
</table>

本教程的编写受益于教育部语用司 2020 年 4—7 月组织的针对 52 个未摘帽贫困县教师的国家通用语言文字教学能力提升在线示范培训。在编写过程中，我们得到了北京大学陆俭明教授、南开大学石锋教授的鼓励，北京语言大学张辉副教授的指导，以及北京语言大学出版社总编辑郭风岚教授的支持。

在北京语言大学出版社编辑部王静主任全力支持和统筹策划下，主创团队积极努力，2020 年 11 月底完成了初稿。其中的部分材料曾于 2020 年 10—12 月在北京语言大学支持的广西都安县教师国家通用语言文字教学能力提升培训项目中试用，获得了很好的反馈，教师和学员均提出了宝贵的修改意见和建议。此后编写组又多次进行了讨论和修改，于 2021 年 4 月最终定稿。

本教程的各位编者不计回报，辛勤工作，付出了极大的心血，在此向她们表示诚挚的谢意。各位编者的具体分工如下：

刘思维、丁险峰：《中小学教师普通话应用教程 · 语音基础》

李琳、刘思维:《中小学教师普通话应用教程·应用与实践（上）》
沈红丹、田靓:《中小学教师普通话应用教程·应用与实践（下）》

限于编者水平，本教程难免有粗疏和不当之处，敬请使用者批评指正。

主编：田靓
2021 年 8 月

致学习者

欢迎大家使用《语音基础》作为你们学习普通话的教材。

《语音基础》共20课，每课都包括“知识解析”“基础练习”“综合练习”三个核心模块，下设若干知识或练习板块，提供了丰富的语音练习材料，同时设有“自评与收获”模块。

知识解析展示本课主要知识点，较为系统地构建出普通话语音知识框架。“概念回忆”“知识学习”“知识理解”三个板块提供了普通话语音学习中的必备知识或术语，帮助大家快速、准确地把握本课发音重点、难点。

基础练习立足发音实践，包括“单字训练”“词语训练”“自我测评”三个板块。前两个板块以高质量的练习夯实发音基础，为应用性练习提供保障；“自我测评”帮助大家自主监控发音质量，提高听辨与发音技能。

综合练习紧密结合普通话水平测试，包括“作品朗读”“话题表达”两个板块。练习内容均选自《普通话水平测试实施纲要》，与本课发音重难点密切配合。

每课最后还设有自评与收获模块，包括“本课自评”和“我的发音词典”两个板块，旨在培养大家的自学意识与习惯，帮助大家巩固学习成果，建立并完善个性化的普通话发音词典。

为了更全面地展示普通话语音系统的相关知识，本书还设置了“课前课”和“语音课堂”。

课前课简要、系统地介绍了普通话的声母、韵母、声调以及音节特点，包括一些常见术语，发音器官、部位的示意图，声母与韵母的拼合关系表等。这些内容有助于大家快速确定发音部位，了解音节拼合规律，提高语音记忆效果。

语音课堂介绍了语流中的几种语音变化，包括“三声变调”“‘一’‘不’变调”“轻声”“儿化”“语气词‘啊’的音变”，供大家深入学习普通话语音知识。

总之，《语音基础》力求满足大家对语音知识的需求，通过高效练习，帮助大家掌握普通话发音技巧，最终达到较高的普通话水平。相信通过一段时间的刻苦练习，大家一定可以取得实质性的进步，普通话水平更上一个台阶。

编者

2021年8月

目 录

课前课　普通话语音系统简介

普通话是我国的国家通用语言，它以北京语音为标准音，以北方话为基础方言，以典范的现代白话文著作为语法规范。普通话的语音系统主要包括声母、韵母、声调、音节，以及变调、轻声、儿化、语调等。

一、声母

普通话的声母共22个，其中21个由辅音充当，还有一个是零声母。

辅音指由肺部发出的气流在口腔或咽头受到阻碍（爆发或摩擦）而形成的音。辅音的音质主要由两个方面决定：一个是发音方法（即发音器官在发音时形成阻碍或克服阻碍的方法），另一个是发音部位（即发音时气流受到阻碍的部位）。

零声母可以理解为没有声母的音节，因为这些音节的声母位置是空的，所以记作“零”。

我们可以根据辅音的发音部位和发音方法给21个声母分类。

（一）发音方法

按照发音方法，普通话声母可以分为五类：

1. 塞音：准备发音时，发音部位的气流被完全阻塞，口腔内压力持续增大；发音时，受阻碍的发音部位突然打开，使气流冲出，爆破成音。普通话有6个塞音：b、p、d、t、g、k。

2. 擦音：准备发音时，发音部位先靠近，但不完全贴紧，留下狭窄的缝隙；发音时，气流从这条窄缝中摩擦而出，直至发音结束。普通话有6个擦音：f、h、x、s、sh、r。

3. 塞擦音：准备发音时，发音部位的气流被完全阻塞，口腔内压力持续增大；发音时，受阻碍的发音部位略微打开，形成一条狭窄的缝隙，气流从缝隙中摩擦挤出。塞擦音中的“塞”和“擦”位于同一个发音部位，在发音上有一个先塞后擦的动程。虽然塞擦音包含两种发音方法，但这两种方法结合得十分紧密，所以塞擦音在听感上是一个音。普通话有6个塞擦音：j、q、z、c、zh、ch。

4. 鼻音：准备发音时，口腔中的发音部位完全闭塞，封锁住口腔通路；发音时，软腭下降，打开鼻腔通路，声带振动，气流从鼻腔通过。口腔中不同的发音部位形成的阻塞会引发不同的鼻音。普通话中有2个鼻音：m、n。

5. 边音：发音时舌尖抵住上齿龈，使口腔中间的通路阻塞，声带振动，气流从舌头两边或一边通过。普通话中只有 1 个边音：l。

辅音在发音方法上还有送气与否和清浊的区别。

送气音和不送气音的区别在于发音时呼出气流的强弱。声带打开时当中所形成的空间叫作声门。发送气音时，声门大开，气流快速通过，有较强烈的气流从口腔中送出。普通话中有 6 个送气音：p、t、k、q、c、ch。发不送气音时，声门打开的程度没有发送气音时那么大，从口腔中送出的气流也较微弱。普通话中有 6 个不送气音：b、d、g、j、z、zh。

清音和浊音的区别在于声带是否振动。发清音时，气流通过声门，声门敞开，声带松弛，气流从声带中顺利通过，声带不振动。发浊音时，气流通过声门，声门紧闭，声带并拢，气流只能从声带中挤出，声带振动。普通话中有 4 个浊音：m、n、l、r。其余辅音声母都是清音。

（二）发音部位

按照发音部位，普通话声母可以分为七类：

1. 双唇音：双唇紧闭或互相接近形成阻碍。普通话中的双唇音有 3 个：b、p、m。

2. 唇齿音：下唇与上齿靠近形成阻碍。普通话中的唇齿音只有 1 个：f。

3. 舌尖前音（即平舌音）：舌尖平伸，接触或靠近齿背形成阻碍。普通话中的舌尖前音有 3 个：z、c、s。

4. 舌尖中音：舌尖接触上齿龈或齿龈边缘形成阻碍。普通话中的舌尖中音有 4 个：d、t、n、l。

5. 舌尖后音（即翘舌音）：舌尖翘起，接触或靠近硬腭前端形成阻碍。普通话中的舌尖后音有 4 个：zh、ch、sh、r。

6. 舌面前音：舌面前部接触或靠近硬腭前部形成阻碍。普通话中的舌面前音有 3 个：j、q、x。

7. 舌面后音（即舌根音）：舌面后部接触或靠近软腭前部形成阻碍。普通话中的舌面后音有 3 个：g、k、h。

在发音方法相同的情况下，发音部位不同，发出的声母也不同。试着按顺序依次发出 f、s、sh、x、h 这 5 个声母。它们都是清擦音，发音方法相同，但是发音部位却依次后移，分别为唇齿、舌尖前、舌尖后、舌面前和舌面后（见图 2）。普通话中 21 个辅音声母可以归纳为表 1。普通话声母所涉及的发音器官及发音部位在口腔内的分布情况分别见图 1 和图 2。

表 1　普通话声母表

发音方法			发音部位						
			双唇	唇齿	舌尖前	舌尖中	舌尖后	舌面前	舌面后
塞音	清音	不送气	b			d			g
		送气	p			t			k
塞擦音	清音	不送气			z		zh	j	
		送气			c		ch	q	
擦音	清音			f	s		sh	x	h
	浊音						r		
鼻音	浊音		m			n			
边音	浊音					l			

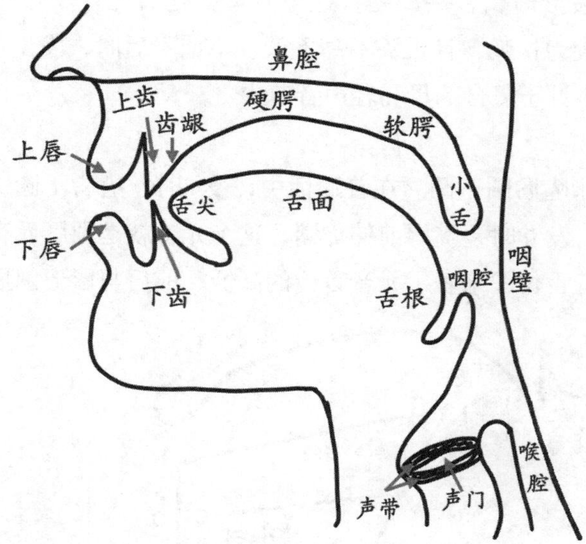

图 1　发音器官示意图

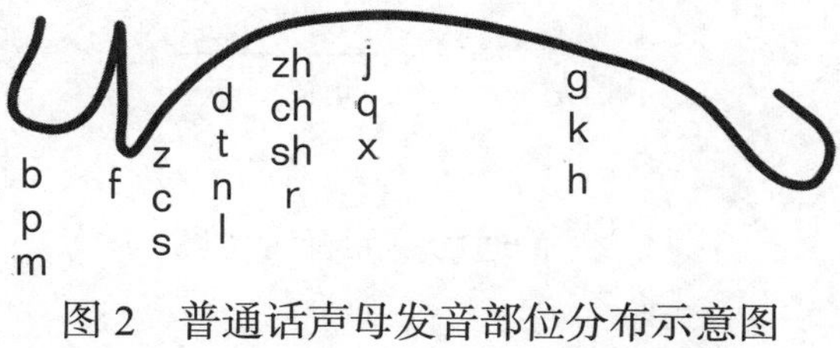

图 2　普通话声母发音部位分布示意图

二、韵母

普通话的韵母共有39个，其中23个由单元音或复元音充当，16个由元音附带鼻辅音韵尾充当。

发元音时，气流从肺部呼出，声带振动，气流通过口腔时不受任何阻碍。口腔形状的不同会导致元音音色的变换。不同的口腔形状主要由口腔的开合、舌头的位置和嘴唇的形状决定，所以，元音音色也主要受这三个方面的影响。

1. 舌位的高低（即口腔的开合）

发音时舌面最高的部位叫舌位，口腔开合的程度叫开口度。舌位的高低与开口度有关。嘴张得越大，即开口度越大，舌位越低；反之，嘴张得越小，即开口度越小，舌位越高。在普通话中，发 i 时，开口度较小，舌位最高，所以这个元音是一个高元音；发 ɑ 时，开口度最大，舌位最低，这个元音就是低元音。

2. 舌位的前后

通常把舌位的前后分为三度：前、央、后。在普通话中，发 i 时，舌头靠近齿背，这个元音就是前元音；发 u 时，舌头后缩，这个元音就是后元音。当我们的口腔处于最自然的状态，口腔肌肉较为松弛，且舌头不高不低、不前不后时，发出的音就是央元音 [ə]。在普通话中，央元音多见于复合韵母和轻声音节中。

3. 嘴唇的圆展

嘴唇的圆展就是指嘴唇圆不圆。在普通话中，发 i 时，嘴唇不圆，这个元音是不圆唇元音，也叫展唇元音；发 ü 时，嘴唇前伸拢圆，这个元音就是圆唇元音。

我们可以通过元音舌位图来表示元音舌位的高低、前后与唇形圆展（见图3）。

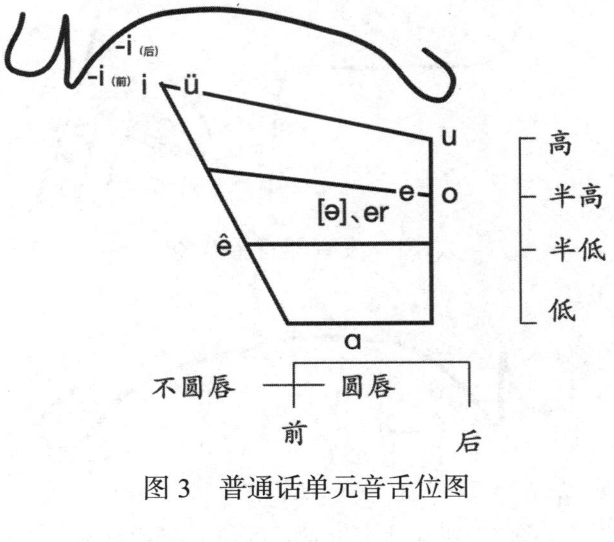

图3　普通话单元音舌位图

按照韵母的组成成分，普通话韵母可以分为三类：

1. 单韵母：由单元音构成的韵母。普通话有 10 个单韵母：a、o、e、ê、i、u、ü、-i（前）、-i（后）、er。其中，-i（前）、-i（后）是舌尖元音，er 是卷舌元音，其余 7 个是舌面元音。单韵母元音的舌位图详见图 3。

2. 复韵母：由两个或三个元音构成的韵母。由于组成复韵母的各个元音在发音时的响度有所不同，通常只有一个较为响亮、清晰，因此可以按照复韵母内不同元音的响度情况来给复韵母分类。普通话有 13 个复韵母，分为三组：

（1）前响复韵母（前一个元音比后一个响）：ai、ei、ao、ou，共 4 个。

（2）中响复韵母（中间的元音最响，两端的比较弱）：iao、iou、uai、uei，共 4 个。

（3）后响复韵母（后一个元音比前一个响）：ia、ie、ua、uo、üe，共 5 个。

3. 鼻韵母：由元音和鼻辅音韵尾构成的韵母。普通话有 16 个鼻韵母，分为两组：

（1）舌尖鼻韵母（即前鼻韵母）：an、ian、uan、üan、en、in、uen、ün，共 8 个。

（2）舌根鼻韵母（即后鼻韵母）：ang、iang、uang、eng、ing、ong、ueng、iong，共 8 个。

普通话的韵母可以归纳为表 2。

表 2　普通话韵母表

单韵母	-i(前)[ɿ]、-i(后)[ʅ]	i[i]	u[u]	ü[y]
	a[ᴀ]	ia[iᴀ]	ua[uᴀ]	
	o[o]		uo[uo]	
	e[ɤ]			
	ê[ɛ]	ie[iɛ]		üe[yɛ]
	er[ɚ]			
复韵母	ai[ai]		uai[uai]	
	ei[ei]		uei[uei]	
	ao[ɑu]	iao[iɑu]		
	ou[əu]	iou[iəu]		
鼻韵母	an[an]	ian[iɛn、ian]	uan[uan]	üan[yɛn、yan]
	en[ən]	in[in]	uen[uən]	ün[yn]
	ang[ɑŋ]	iang[iɑŋ]	uang[uɑŋ]	
	eng[əŋ]	ing[i(ə)ŋ、iŋ]	ueng[uəŋ]	
			ong[uŋ]	iong[iuŋ、yŋ]

三、声调

普通话共有四个声调：

1. 阴平（即一声），高平调，调值［55］；
2. 阳平（即二声），高升调，调值［35］；
3. 上声（即三声，“上”读 shǎng），降升调，调值［214］；
4. 去声（即四声），全降调，调值［51］。

“阴平”“阳平”等指的是调类，这与古代汉语的调类系统有关。“高平”“高升”等指的是调型，调型即声调的类型，指声调高低升降的变化模式。调值“［55］”“［35］”等是对声调音高的具体描写。我们将声调音高的变化范围由低到高划分成五度，1 度最低，5 度最高（见图 4），并给声调的起讫点、转折点等标记上度数，即 1—5 这些数字，这就是调值了。这种标记方法叫作“五度标记法”，是由我国著名的语言学家赵元任先生发明的。

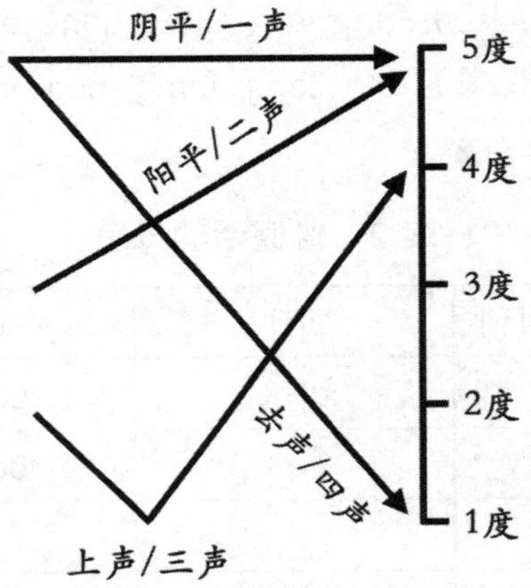

图 4　五度标记法与普通话声调

四、普通话音节

(一) 韵头、韵腹和韵尾

普通话的音节一般由声母、韵母和声调组成，也就是人们常说的“声、韵、调”。普通话中一个音节最多可由声母、韵头、韵腹、韵尾和声调五部分构成（见表 3）。韵头只有 i、u、ü 这三个。韵腹是韵母的主要部分，所有的元音都可以充当韵腹。韵尾只限于韵腹后面的 n、ng、i、u（o）。例如“敲”的拼音是 qiāo，声调为一声，声母为 q，韵母为 iao，韵头为 iao 中的 i，韵腹为 iao 中的 a，韵尾为 iao 中的 o（实际上应该是 u）。不过，在普通话音节的实际读音中，除了声调和韵腹外，声母、韵头、韵尾都可以空缺。例如“要”的拼音是 yāo，声调为一声，声母为零声母，韵母为 iao，韵头、韵腹、韵尾分别为 i、a 和 o（u）。又如“衣”的拼音是 yī，它只有声调（一声）和韵腹 i。

表 3　普通话音节结构

<table>
<tr><th colspan="4">声调</th></tr>
<tr><td rowspan="3">声母</td><td colspan="3">韵母</td></tr>
<tr><td rowspan="2">韵头</td><td colspan="2">韵</td></tr>
<tr><td>韵腹</td><td>韵尾</td></tr>
</table>

（二）四呼与声、韵母的拼合关系

在普通话音节中，还有开口呼、齐齿呼、合口呼和撮口呼的说法，统称四呼。

开口呼是指韵头或韵腹不是 i、u、ü 的韵母，齐齿呼是指韵头或韵腹为 i 的韵母，合口呼是指韵头或韵腹为 u 的韵母，撮口呼是指韵头或韵腹为 ü 的韵母。

普通话有 22 个声母（含零声母）、39 个韵母和 4 个声调，理论上说，声母和韵母可能构成的音节数应该在三千个以上，但事实上，普通话中实际使用的音节数只有一千多个，这就意味着声母与韵母的拼合存在一定的规律，不能随意拼合。表 4 显示的是声母与四呼的拼合关系。

表 4　普通话声母与四呼的拼合关系

声母	开口呼	齐齿呼	合口呼	撮口呼
b、p、m	+	+	只拼 u	
f	+		只拼 u	
d、t	+	+	+	
n、l、零声母	+	+	+	+
g、k、h	+		+	
j、q、x		+		+
z、c、s	+		+	
zh、ch、sh、r	+		+	

注：“+”表示可以拼合。

从表 4 可以看出普通话声母与韵母拼合的几条重要规律：

（1）双唇音 b、p、m 能与开口呼、齐齿呼的韵母拼合，合口呼韵母中只与单韵母 u 拼合，不能与撮口呼韵母拼合。

（2）唇齿音 f 只能与开口呼韵母以及合口呼韵母中的单韵母 u 拼合，不能与齐齿呼和撮口呼韵母拼合。

（3）d、t和n、l虽然同属舌尖中音，但d、t不能与撮口呼韵母拼合，而n、l可以与全部四呼韵母拼合。

（4）舌面后音g、k、h，舌尖前音z、c、s和舌尖后音zh、ch、sh、r这三组声母的拼合规律相同，都是只能与开、合两呼的韵母拼合，不能与齐、撮两呼的韵母拼合。

（5）舌面前音j、q、x这组声母与（4）中三组声母的拼合规律相反，只能与齐、撮两呼的韵母拼合，不能与开、合两呼的韵母拼合。

（6）总体而言，在全部声母中，f与韵母的拼合范围最窄；能与开口呼韵母相拼的声母最多，能与撮口呼韵母相拼的声母最少；只有n、l和零声母能与全部四呼韵母相拼。

这里需要注意的是，能与某呼韵母相拼，并不代表能与该呼中所有的韵母相拼，声母与韵母具体的拼合关系详见附录《普通话语音音节表》。

“课前课”部分主要介绍了普通话基本的语音系统，但无论是声母、韵母、声调还是音节，它们都是孤立的，而在实际使用中，当音节与音节相连时，这些声、韵、调会发生很多变化，这就是语流音变。本书的“语音课堂”部分会对普通话中特有的轻声、儿化、连读变调等语流音变现象做简要介绍。

第 1 课 ɑ、o、e

学习目标

通过本课的学习，掌握 ɑ、o、e 的发音要领，准确而且熟练地读出含有 ɑ、o、e 的字词，正确听辨含有 ɑ、o、e 的字词。

课前思考

试着朗读下面的句子。和同学交流：哪些字中包含 ɑ、o、e？你读得怎么样？

1. 如果美是专指“婆娑”或“横斜逸出”之类而言，那么，白杨树算不得树中的好女子。
2. 哦，雄浑的大桥敞开胸怀，汽车的呼啸、摩托的笛音、自行车的叮铃，合奏着进行交响乐。

知识解析

概念回忆

1. 请参考课前课中的“发音器官示意图”（第 3 页图 1），找一找自己的软腭在哪儿。
2. 请参考课前课中的“普通话单元音舌位图”（第 4 页图 3），找一找 ɑ、o、e 的舌位在哪儿。
3. 请在课前课中找到“舌位”“圆唇”“展唇”的概念，读一读，并试着说一说“圆唇”和“展唇”在嘴形上有什么不同。

知识学习

本课我们将学习 ɑ、o、e 这三个单韵母的发音。ɑ 是低元音，比较常见。o 和 e 是半高元音，这两个音的舌位相近，但在唇形的圆展上有差别，练习时需注意。

下面我们具体学习一下 ɑ、o、e 这三个单韵母。

1. a 央、低、不圆唇元音

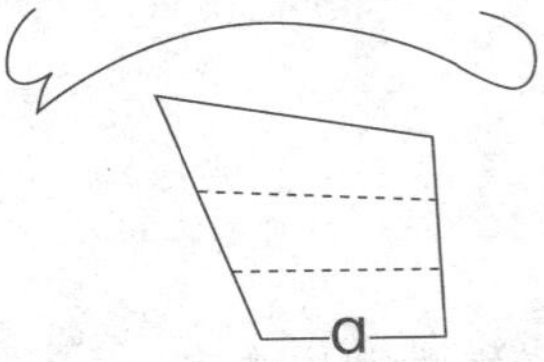

发音要领

嘴张大，舌头前伸，舌位下降到最低，嘴唇不圆。

示范发音

ā 阿	á 啊	ǎ 啊	à 啊
bā 八	bá 拔	bǎ 把	bà 爸
dā 搭	dá 答	dǎ 打	dà 大

2. o 后、半高、圆唇元音

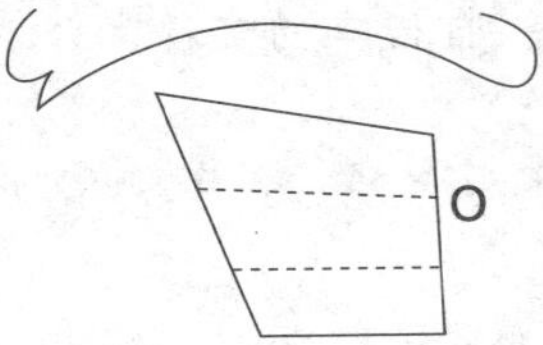

发音要领

嘴略张，舌头后缩，舌面后部向着软腭隆起，唇拢圆。

示范发音

ō 噢	ó 哦	ǒ 嚄	ò 哦
pō 颇	pó 婆	pǒ 叵	pò 破
mō 摸	mó 磨	mǒ 抹	mò 末

3. e 后、半高、不圆唇元音

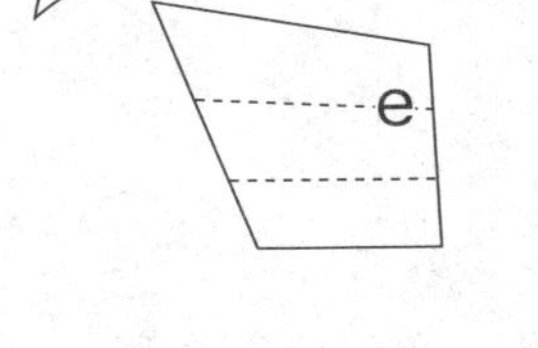

发音要领

舌位与发 o 时类似，但唇形展开。

示范发音

ē 婀	é 额	ě 恶	è 饿
gē 歌	gé 格	gě 葛	gè 个
kē 科	ké 壳	kě 可	kè 客

知识理解

1. o 和 e 的区别是什么?

o 和 e 最大的区别是：发 o 时，唇要拢圆；发 e 时，唇要展开，嘴角略微向上挑。练习时，先发 o，然后慢慢展唇，就能发出 e 了。

注意：发 e 时，我们还能感到舌头会有一个非常微小的、从高到低的动程，发 o 时舌头的位置保持不变。

2. 发 bo、po、mo、fo 时，为什么这个 o 听起来和单韵母 o 不一样?

普通话中的单韵母 o 几乎只出现在叹词中，比如噢、哦等。与 b、p、m、f 相拼时，o 前往往会有一个很短的过渡音 u，听起来跟 uo 很像。

注意：在汉语拼音中，只有 b、p、m、f 能直接与 o 相拼。

基础练习

单字训练

录音“码”上听

一、按要求朗读下列汉字，注意 ɑ、o、e 的发音。

1. 听示范录音并跟读。

shā	pá	tǎ	là
沙	爬	塔	蜡
bō	fó	pǒ	mò
波	佛	叵	默
hē	é	kě	cè
喝	俄	渴	侧

2. 小组内听读互动：两人一组，互相听读。

fā	ná	kǎ	pà
发	拿	卡	怕
pō	mó	bǒ	pò
坡	摩	簸	迫
chē	hé	zhě	kè
车	和	者	课

二、按要求朗读下列汉字，注意体会每组字之间的发音差别。

1. 听示范录音并跟读。

pá pó	fǎ fó	pà pò	bà bó
爬—婆	砝—佛	帕—迫	爸—伯
dá dé	há hé	kǎ kě	zhǎ zhè
达—得	蛤—河	卡—可	眨—这
bó è	bó kè	mó gé	pò gē
伯—恶	博—刻	磨—隔	破—割

2. 小组内听读互动：两人一组，互相听读。

bā bó	má mó	bǎ bó	pà pō
八—脖	麻—模	把—薄	怕—泼
shā shè	lā lè	hā hē	kǎ kè
沙—设	拉—勒	哈—呵	卡—客
bō zhé	mó è	pǒ cè	bò hé
波—折	模—恶	叵—侧	薄—河

词语训练

录音"码"上听

一、按要求朗读下列词语，注意 a、o、e 的发音。

1. 听示范录音并跟读。

dāpèi	dá'àn	bǎshǒu	bàba
搭配	答案	把守	爸爸
shāmò	páxíng	dǎkāi	dàdì
沙漠	爬行	打开	大地
piānpō	pópo	pǒcè	pòhuài
偏颇	婆婆	叵测	破坏
mōsuǒ	móliàn	mǒshā	mòqī
摸索	磨炼	抹杀	末期
gēwǔ	gézi	kěshì	gèrén
歌舞	格子	可是	个人
kēxué	étóu	ěxin	kèchéng
科学	额头	恶心	课程

2. 小组内听读互动：两人一组，互相听读。

fādá	náshǒu	shuǐtǎ	bú pà
发达	拿手	水塔	不怕
chābié	máfan	kǎpiàn	nàlǐ
差别	麻烦	卡片	那里

bōdòng 波动	bózi 脖子	bǒjiǎo 跛脚	pòqiè 迫切
pōdì 坡地	móshì 模式	pǒluo 笸箩	mòmò 默默
chējiān 车间	dànké 蛋壳	kěwàng 渴望	cèmiàn 侧面
gēge 哥哥	hépíng 和平	zuòzhě 作者	kèguān 客观

二、按要求朗读下列词语，注意体会每组词语之间的发音差别。

1. 听示范录音并跟读。

pápō pópo 爬坡—婆婆	fǎmǎ fófǎ 砝码 — 佛法	shǒupà shòu pò 手帕— 受迫	bàba bóbo 爸爸—伯伯
dádào dédào 达到—得到	háma hémǎ 蛤蟆 — 河马	kǎchǐ kěchǐ 卡尺— 可耻	zhǎba zhème 眨巴—这么
Bólè èmó 伯乐—恶魔	bókè kèbó 博客 — 刻薄	móhé gémó 磨合— 隔膜	pògé gēpò 破格—割破

2. 小组内听读互动：两人一组，互相听读。

bāzì bózi 八字—脖子	máfan mófàn 麻烦 — 模范	bǎwò bóruò 把握— 薄弱	pà là pōlà 怕辣—泼辣
shāfā shèfǎ 沙发—设法	lāsuǒ lèsuǒ 拉锁 — 勒索	hāqì hēqì 哈气—呵气	kǎchē kèchē 卡车—客车
bōzhé zhémó 波折—折磨	mótèr èmó 模特儿 — 恶魔	pǒcè cè pō 叵测—侧坡	bòhe Hébó 薄荷—河伯

自我测评

录音"码"上听

一、听录音，在你听到的词语对应的选项上画圈，然后朗读这些词语。

1. A 拔插	B 跋涉	C 把握	D 波折	E 薄弱
2. A 伯乐	B 菠萝	C 泼辣	D 发蜡	E 刻薄
3. A 耷拉	B 塌了	C 胳膊	D 疙瘩	E 唾沫
4. A 博大	B 博得	C 德国	D 夺得	E 得到
5. A 蛤蟆	B 魔法	C 河马	D 车模	E 沙漠
6. A 发达	B 爬坡	C 泼墨	D 隔膜	E 磨合

听辨自测：我做对了____道题。

需要注意的词语：

二、找出每组加点字的韵母不同的一项，然后听示范录音并跟读。

（　　）1. A 特色　　B 合格　　C 隔膜
（　　）2. A 胳膊　　B 疙瘩　　C 耷拉
（　　）3. A 勒索　　B 拉锁　　C 蜡烛
（　　）4. A 卡车　　B 客车　　C 刹车
（　　）5. A 折磨　　B 隔膜　　C 菠萝
（　　）6. A 打发　　B 那么　　C 眨巴

读辨自测：我做对了____道题。
需要注意的词语：

综合练习

作品朗读

录音“码”上听

朗读时，注意材料中 a、o、e 的发音。

选段 1

它没有婆娑的姿态，没有屈曲盘旋的虬枝，也许你要说它不美丽，——如果美是专指“婆娑”或“横斜逸出”之类而言，那么，白杨树算不得树中的好女子；但是它却是伟岸，正直，朴质，严肃，也不缺乏温和，更不用提它的坚强不屈与挺拔，它是树中的伟丈夫！

（节选自《普通话水平测试实施纲要》普通话水平测试用朗读作品 1 号）

选段 2

啊！小桥呢？它躲起来了？河中一道长虹，浴着朝霞熠熠闪光。哦，雄浑的大桥敞开胸怀，汽车的呼啸、摩托的笛音、自行车的叮铃，合奏着进行交响乐；南来的钢筋、花布，北往的柑橙、家禽，绘出交流欢悦图……

啊！蜕变的桥，传递了家乡进步的消息，透露了家乡富裕的声音。时代的春风，美好的追求，我蓦地记起儿时唱给小桥的歌，哦，明艳艳的太阳照耀了，芳香甜蜜的花果捧来了，五彩斑斓的岁月拉开了！

（节选自《普通话水平测试实施纲要》普通话水平测试用朗读作品18号）

话题表达

请根据下面的话题和提纲自由表达，时间不少于三分钟。

话题：我喜欢的明星（或其他知名人士）（普通话水平测试用话题26）

提纲：1. 点明你喜欢的明星或其他知名人士。

2. 简单描述他（她）的形象特征。

3. 说明他（她）吸引你的原因。

4. 分析一下作为公众人物，他（她）是如何影响大众的。

自评与收获

本课自评

是否完成本课所有练习	□ 全部完成	□ 完成大部分	□ 完成小部分
对学习成果是否满意	□ 非常满意	□ 满意	□ 不太满意

我的发音词典之 ɑ、o、e

重点、难点内容	字：
	词：
	句：
我觉得自己发音发得不错的内容	字：
	词：
	句：
我觉得自己还没有完全掌握的内容	字：
	词：
	句：

第2课 i、u、ü

学习目标

通过本课的学习，掌握 i、u、ü 的发音要领，准确而且熟练地读出含有 i、u、ü 的字词，正确听辨含有 i、u、ü 的字词。

课前思考

试着朗读下面的句子。和同学交流：哪些字中包含 i、u、ü？你读得怎么样？

1. 除去足球本身的魅力之外，还有什么超乎其上而更伟大的东西？
2. 这里，逼人的朴素禁锢住任何一种观赏的闲情，并且不容许你大声说话。

知识解析

概念回忆

1. 请参考课前课中的“发音器官示意图”，找一找自己的硬腭前部在哪儿。
2. 请参考课前课中的“普通话单元音舌位图”，找一找 i、u、ü 的舌位在哪儿。
3. 请在课前课中找到“开口度”“高元音”的概念，读一读，并试着说一说“高元音”i、u、ü 和“低元音”ɑ 在开口度上有什么不同。

知识学习

本课我们将学习 i、u、ü 这三个单韵母的发音。i、u、ü 都是高元音，发高元音时，开口度都很小；i 和 ü 在唇形上有差别，u 和 ü 在舌位前后上有差别，练习时需注意。

下面我们具体学习一下 i、u、ü 这三个单韵母。

4. i 前、高、不圆唇元音

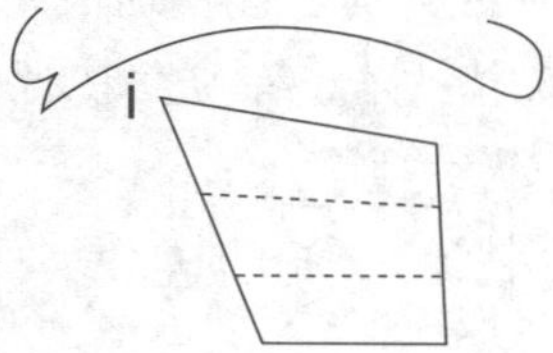

发音要领

唇形扁平，开口度很小，舌头前伸，舌面前部上升，向硬腭前部隆起，舌尖可抵下齿背。

示范发音

yī 一	yí 姨	yǐ 以	yì 意
dī 低	dí 敌	dǐ 抵	dì 地
mī 眯	mí 迷	mǐ 米	mì 密

5. u 后、高、圆唇元音

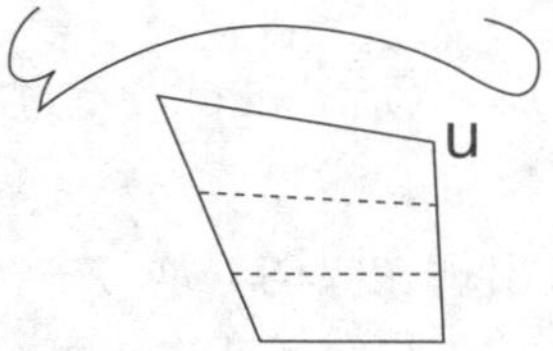

发音要领

双唇拢圆，开口度小，舌头后缩，舌面后部隆起，对着软腭。

示范发音

wū 乌	wú 无	wǔ 五	wù 物
shū 书	shú 熟	shǔ 属	shù 树
zhū 朱	zhú 竹	zhǔ 主	zhù 住

6. ü 前、高、圆唇元音

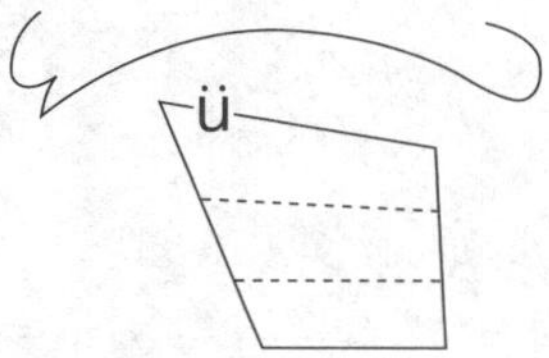

发音要领

舌位与发 i 时基本一样，但双唇需拢得又紧又圆。

示范发音

yū 迂	yú 鱼	yǔ 雨	yù 预
jū 居	jú 局	jǔ 举	jù 句
xū 须	xú 徐	xǔ 许	xù 叙

知识理解

1. ü 和 u 的区别是什么?

虽然发 ü 和 u 时嘴唇都要拢得又紧又圆，但发两个音时舌头的位置差别很大：发 u 时，舌头后缩；发 ü 时，舌头靠前，舌头的位置跟发 i 时基本一样。练习发 ü 时，可以先发 i，保持舌头不动，然后将嘴唇拢圆，就可以发出 ü 了。

注意：ü 是一个单韵母，虽然练习发音时可以由 i 引导，但是发 ü 时，舌头和嘴唇应该保持不动，不能先发 i 再拢圆嘴唇。

2. ü 什么时候写成 u？什么时候写成 ü？

和 ü 相拼的声母较少，ü 只出现在零声母、j、q、x、l、n 之后。但是，ü 出现在 j、q、x 之后时，上面的两点要省略，写为 u。l、n 后的 ü 在书写上保留了 ü 上的两点，写作 lü、nü。ü 前为零声母时，写作 yu。

知识提升

普通话有几个单韵母?

普通话有 10 个单韵母：ɑ、o、e、ê、i、u、ü、-i（前）、-i（后）和 er。不过它们的使用频率有所不同。

o 很少单独使用，独用时只出现在叹词中；ê 独用时只出现在叹词“欸”中，此外，只在复韵母 ie、üe 中出现（详见第 14 课）；-i（前）只出现在 z、c、s 后（详见第 9 课）；-i（后）只出现在 zh、ch、sh、r 后（详见第 10 课）；er 不与任何声母相拼，自成音节（详见第 15 课）。

基础练习

单字训练

录音“码”上听

一、按要求朗读下列汉字，注意 i、u、ü 的发音。

1. 听示范录音并跟读。

yī 衣	yí 仪	yǐ 乙	yì 易
wū 呜	Wú 吴	wǔ 武	wù 务
yū 淤	yú 余	yǔ 予	yù 玉

2. 小组内听读互动：两人一组，互相听读。

yī 医	yí 移	yǐ 已	yì 艺
wū 屋	wú 吾	wǔ 舞	wù 雾
yū 迂	yú 愉	yǔ 语	yù 愈

二、按要求朗读下列汉字，注意体会每组字之间的发音差别。

1. 听示范录音并跟读。

yī wū 医—巫	tí tú 提—图	bǐ bǔ 比—补	nì nù 逆—怒
qī qū 期—区	yí yú 移—渔	xǐ xǔ 喜—许	lì lǜ 历—绿
wū yū 污—淤	tú jú 徒—局	shǔ nǚ 属—女	lù lǜ 禄—率

2. 小组内听读互动：两人一组，互相听读。

yī wū 依—污	yí wú 疑—无	yǐ wǔ 以—武	yì wù 意—误
xī xū 希—虚	yí yú 仪—于	yǐ yǔ 已—语	yì yù 议—预
hū jū 忽—居	wú yú 无—舆	wǔ qǔ 武—曲	lù lǜ 路—滤

词语训练

录音"码"上听

一、按要求朗读下列词语，注意 i、u、ü 的发音。

1. 听示范录音并跟读。

yīshēng 医生	yíbiǎo 仪表	yǐwǎng 以往	yìshù 艺术
yīfu 衣服	yídòng 移动	yǐhòu 以后	yìwù 义务
wūyā 乌鸦	wúfǎ 无法	wǔgǔ 五谷	wùbì 务必
wūyè 呜咽	wúbèi 吾辈	wǔlì 武力	wùlǐ 物理

yūhuí 迂回	yúdì 余地	yǔyán 语言	yùmǐ 玉米
yūjī 淤积	yúkuài 愉快	yǔliàng 雨量	yùcè 预测

2. 小组内听读互动：两人一组，互相听读。

yījù 依据	yíchuán 遗传	yǐkào 倚靠	yìyú 易于
dì-yī 第一	yíwèn 疑问	yǐzi 椅子	yìsi 意思
wūzi 屋子	wútóng 梧桐	wǔtīng 舞厅	wùqì 雾气
wūgào 诬告	wúyí 无疑	wǔyè 午夜	wùxìng 悟性
qūyù 区域	yúwǎng 渔网	yǔyì 语义	yùyì 愈益
xūyú 须臾	yúqī 逾期	yǔzhòu 宇宙	yùjiàn 遇见

二、按要求朗读下列词语，注意体会每组词语之间的发音差别。

1. 听示范录音并跟读。

yīshī　wūshī 医师 — 巫师	tí'àn　tú'àn 提案—图案	bǐpīn　bǔpǐn 比拼—补品	nìshì　nùshì 逆市—怒视
qījiān　qūjiān 期间 — 区间	yímín　yúmín 移民—渔民	xǐjiǔ　xǔjiǔ 喜酒—许久	lìsè　lǜsè 厉色—绿色
wūní　yūní 污泥 — 淤泥	túbù　júbù 徒步—局部	shǔxìng nǚxìng 属性—女性	fángwù fángyù 防务—防御

2. 小组内听读互动：两人一组，互相听读。

yīrán　wūrǎn 依然 — 污染	yíxīn　wúxīn 疑心—无心	yǐjiàng wǔjiàng 以降—武将	yìwèi　wùhuì 意味—误会
xīwàng xūwàng 希望 — 虚妄	yíshì　yúshì 仪式—于是	yǐjīng　yǔjìng 已经—语境	yìdìng　yùdìng 议定—预定
hūrán　jūrán 忽然 — 居然	wúlùn　yúlùn 无论—舆论	wǔyì　qǔyì 武艺—曲艺	guòlù　guòlǜ 过路—过滤

自我测评

录音“码”上听

一、听录音，在你听到的词语对应的选项上画圈，然后朗读这些词语。

1. A 议题　B 异体　C 语体　D 物体　E 无题

2. A 雨衣　B 寓意　C 意义　D 无疑　E 武艺

3. A 区间　　B 取件　　C 起见　　D 其间　　E 期间
4. A 医师　　B 仪式　　C 意识　　D 预示　　E 于是
5. A 仪器　　B 武器　　C 与其　　D 语气　　E 预期
6. A 房屋　　B 防务　　C 防御　　D 防雨　　E 防疫

听辨自测：我做对了____道题。
需要注意的词语：

二、找出每组加点字的韵母不同的一项，然后听示范录音并跟读。

(　　) 1. A 舞台　　B 物质　　C 医院
(　　) 2. A 语言　　B 一时　　C 预报
(　　) 3. A 举办　　B 熟悉　　C 叙述
(　　) 4. A 底下　　B 提供　　C 区分
(　　) 5. A 主观　　B 局面　　C 树木
(　　) 6. A 无关　　B 意志　　C 议论

读辨自测：我做对了____道题。
需要注意的词语：

综合练习

作品朗读

录音“码”上听

朗读时，注意材料中 i、u、ü 的发音。

● 选段 1

一个大问题一直盘踞在我脑袋里：

世界杯怎么会有如此巨大的吸引力？除去足球本身的魅力之外，还有什么超乎其上而更伟大的东西？

近来观看世界杯，忽然从中得到了答案：是由于一种无上崇高的精神情感——国家荣誉感！

（节选自《普通话水平测试实施纲要》普通话水平测试用朗读作品 11 号）

● 选段 2

这里，逼人的朴素禁锢住任何一种观赏的闲情，并且不容许你大声说话。风儿俯临，在这座无名者之墓的树木之间飒飒响着，和暖的阳光在坟头嬉戏；冬天，白雪温柔地覆盖这片幽暗的土地。无论你在夏天或冬天经过这儿，你都想象不到，这个小小的、隆起的长方体里安放着一位当代最伟大的人物。

（节选自《普通话水平测试实施纲要》普通话水平测试用朗读作品 35 号）

话题表达

请根据下面的话题和提纲自由表达，时间不少于三分钟。

话题：我和体育（普通话水平测试用话题 19）

提纲：1. 体育这个概念包含哪些内容？

2. 你是否喜欢体育运动？

3. 体育之于你，有何比喻？

4. 你喜欢 / 不喜欢体育运动的原因是什么？

自评与收获

本课自评

是否完成本课所有练习	□ 全部完成	□ 完成大部分	□ 完成小部分
对学习成果是否满意	□ 非常满意	□ 满意	□ 不太满意

我的发音词典之 i、u、ü

重点、难点内容	字：
	词：
	句：

（续表）

我觉得自己发音发得不错的内容	字：
	词：
	句：
我觉得自己还没有完全掌握的内容	字：
	词：
	句：

第3课 b、d、g

学习目标

通过本课的学习，掌握b、d、g的发音要领，准确而且熟练地读出含有b、d、g的字词，正确听辨含有b、d、g的字词。

课前思考

试着朗读下面的句子。和同学交流：哪些字中包含b、d、g？你读得怎么样?

1. 我有两个愿望。第一个是，妈妈天天笑眯眯地看着我说："你真聪明。"第二个是，老师天天笑眯眯地看着我说："你一点儿也不笨。"
2. 过去的日子如轻烟，被微风吹散了，如薄雾，被初阳蒸融了；我留着些什么痕迹呢？我何曾留着像游丝样的痕迹呢？

知识解析

概念回忆

1. 请参考课前课中的"发音器官示意图"，找一找自己的双唇、上齿背、上齿龈、软腭在哪儿。
2. 请参考课前课中的"普通话声母发音部位分布示意图"，找一找b、d、g的发音部位在哪儿。
3. 请在课前课中找到"不送气音""清音""塞音"的概念，读一读，并试着说一说"塞音"在发音时有什么特点。

知识学习

本课我们将学习b、d、g这三个声母的发音。b、d、g都是不送气的清塞音，三个音的发音方法相同，但发音部位不同，三个音的发音部位依次后移，分别为双唇、舌尖中和舌面后。

下面我们具体学习一下 b、d、g 这三个声母。

7. b 双唇、不送气、清塞音

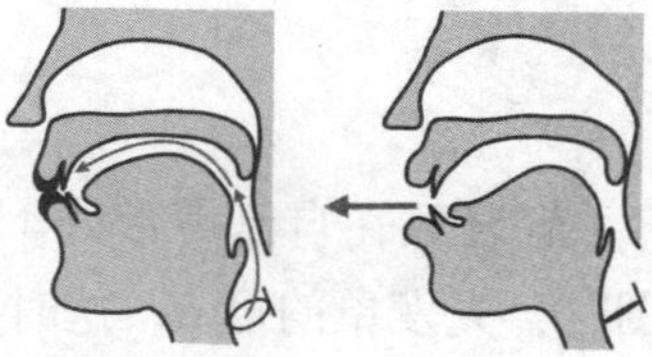

发音要领

先紧闭双唇，口腔内蓄气，然后突然松开紧闭的双唇，一股较弱的气流快速冲出。

示范发音

bā	bá	bǎ	bà
巴	拔	把	罢
bī	bí	bǐ	bì
逼	鼻	比	必
bāo	báo	bǎo	bào
包	雹	饱	报

8. d 舌尖中、不送气、清塞音

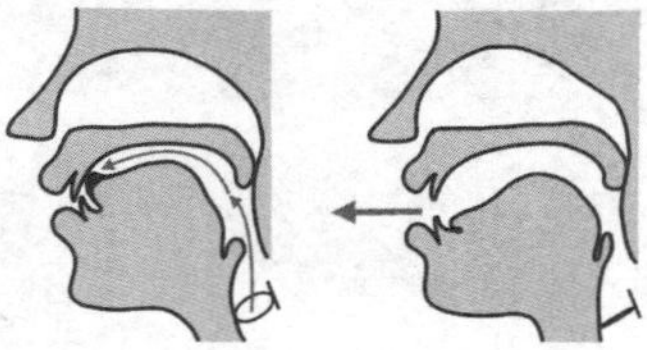

发音要领

舌尖先抵住上齿龈或上齿背与上齿龈的交界处，口腔内蓄气，然后舌尖突然下降，一股较弱的气流快速冲出。

示范发音

dā	dá	dǎ	dà
搭	达	打	大
dī	dí	dǐ	dì
低	笛	底	弟
dāo	dáo	dǎo	dào
刀	捯	导	道

9. g 舌面后、不送气、清塞音

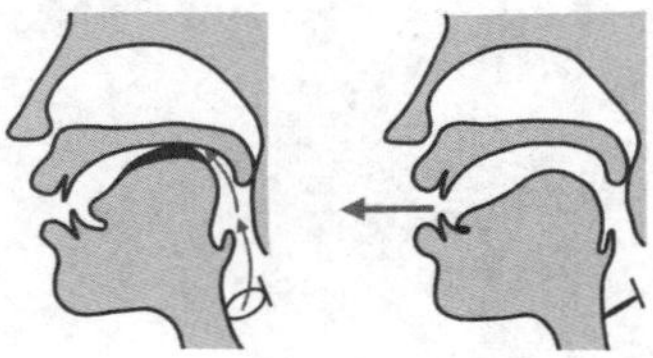

发音要领

舌头先后缩，舌面后部抬起，抵住软腭，口腔内蓄气，然后舌面突然降低，一股较弱的气流快速冲出。

示范发音

gā	gá	gǎ	gà
旮	噶	尕	尬

gē	gé	gě	gè
哥	革	葛	各
guō	guó	guǒ	guò
锅	国	果	过

知识理解

如何判断自己发的 b、d、g 是清音?

“清音”是指发音时声带不振动的音。我们可以将手轻轻放在自己声带处（脖子前方中间靠上的部位，参见课前课中的“发音器官示意图”），先发单韵母 a，这时我们的手能感觉到一阵持续的振动。接下来，试着发一下 b、d、g，如果手感觉不到声带的振动，就说明发的 b、d、g 是清音。

在普通话的 21 个声母中，有 17 个声母为清音，它们是 b、d、g、p、t、k、f、h、j、q、x、z、c、s、zh、ch、sh。当我们练习发这些声母时，都可以采用这种“手触法”来判断自己发的是不是清音。

基础练习

单字训练

录音“码”上听

一、按要求朗读下列汉字，注意 b、d、g 的发音。

1. 听示范录音并跟读。

bāng	bié	běn	bèi
帮	别	本	被
duō	dié	dǎng	dài
多	迭	党	代
gān	gé	gǎi	guàn
干	隔	改	贯

2. 小组内听读互动：两人一组，互相听读。

biāo	bó	bǔ	biàn
标	博	补	变
dān	dé	diǎn	duì
单	德	典	对
guān	guó	guǎng	gòu
观	国	广	购

二、按要求朗读下列汉字，注意体会每组字之间的发音差别。

1. 听示范录音并跟读。

bān dān 班—单	bí dí 鼻—笛	biǎn diǎn 贬—点	bào dào 报—到
dēng gēng 登—耕	duó guó 踱—国	dǎn gǎn 胆—杆	dù gù 渡—雇
gān bān 干—斑	gǎo bǎo 搞—保	gǔ bǔ 古—补	gàng bàng 杠—傍

2. 小组内听读互动：两人一组，互相听读。

bēng dēng 绷—灯	bá dá 拔—答	bǎo dǎo 保—导	bàn dàn 办—但
dān gān 担—甘	dé gé 得—隔	dǎo gǎo 导—稿	dào gào 道—告
gāo bāo 高—包	gǎi bǎi 改—百	gǎn bǎn 感—板	gù bù 固—布

词语训练

录音“码”上听

一、按要求朗读下列词语，注意 b、d、g 的发音。

1. 听示范录音并跟读。

bāzhang 巴掌	báchú 拔除	bǎwò 把握	biàndòng 变动
bāngzhù 帮助	biérén 别人	bǐjiào 比较	bàodào 报道
dīwēn 低温	dádào 达到	dǎsuàn 打算	dàgài 大概
duōshù 多数	dúshū 读书	dǎozhì 导致	dàolǐ 道理
gēqǔ 歌曲	guójiā 国家	gǎigé 改革	gèzì 各自
gūjì 估计	gébì 隔壁	gǔlì 鼓励	gòumǎi 购买

2. 小组内听读互动：两人一组，互相听读。

bāowéi 包围	bízi 鼻子	bǎohé 饱和	bìxū 必须
biāozhǔn 标准	bóshì 博士	bǔchōng 补充	bùzhòu 步骤

dāying	díquè	dǎngyuán	dàibiǎo
答应	的确	党员	代表
dōngtiān	déyù	diǎnxíng	duìdài
冬天	德育	典型	对待
guāndiǎn	géxīn	guǎngbō	guànchè
观点	革新	广播	贯彻
gānjìng	géwài	gǎndòng	gùdìng
干净	格外	感动	固定

二、按要求朗读下列词语，注意体会每组词语之间的发音差别。

1. 听示范录音并跟读。

bānchē dānchē	bízi dízi	biǎndī diǎndī	bàodá dàodá
班车 — 单车	鼻子 — 笛子	贬低—点滴	报答 — 到达
dēngjì gēngdì	duó bù guódù	dǎnzi gǎnzi	dùchuán gù chuán
登记 — 耕地	踱步 — 国度	胆子—杆子	渡船 — 雇船
gānwén bānwén	gǎodìng Bǎodìng	gǔjí bǔxí	gànggǎn bàngwǎn
干纹 — 斑纹	搞定 — 保定	古籍—补习	杠杆 — 傍晚

2. 小组内听读互动：两人一组，互相听读。

bēngdài dēngdài	báchú dáchū	bǎoshī dǎoshī	bànshì dànshì
绷带 — 灯带	拔除—答出	保湿 — 导师	办事—但是
dānxīn gānxīn	délì gélí	dǎodiàn gǎojiàn	dàobié gàobié
担心 — 甘心	得力—隔离	导电 — 稿件	道别—告别
gāokuò bāokuò	gǎibiàn bǎi biàn	gǎndòng bǎndèng	gùzhi bùzhì
高阔 — 包括	改变 — 百变	感动 — 板凳	固执—布置

自我测评

录音“码”上听

一、听录音，在你听到的词语对应的选项上画圈，然后朗读这些词语。

1. A 鼻子	B 笛子	C 比例	D 地理	E 点滴
2. A 报告	B 报道	C 报答	D 高大	E 到达
3. A 干纹	B 斑纹	C 感人	D 感动	E 板凳
4. A 布置	B 固执	C 妒忌	D 古籍	E 补习
5. A 国度	B 踱步	C 夺目	D 夺回	E 驳回
6. A 得意	B 得力	C 隔壁	D 隔离	E 玻璃

听辨自测：我做对了____道题。

需要注意的词语：

二、找出每组加点字的声母不同的一项，然后听示范录音并跟读。

(　　) 1. A 当前	B 导演	C 摆脱
(　　) 2. A 赶快	B 办法	C 包含
(　　) 3. A 变化	B 果然	C 规定
(　　) 4. A 广阔	B 代替	C 改善
(　　) 5. A 担任	B 边疆	C 把持
(　　) 6. A 道德	B 地带	C 根据

读辨自测：我做对了____道题。

需要注意的词语：

综合练习

作品朗读

录音“码”上听

朗读时，注意材料中 b、d、g 的发音。

● **选段 1**

那是一次作文课，题目是《愿望》。他极其认真地想了半天，然后极认真地写。那作文极短，只有三句话：我有两个愿望。第一个是，妈妈天天笑眯眯地看着我说：“你真聪明。”第二个是，老师天天笑眯眯地看着我说：“你一点儿也不笨。”

于是，就是这篇作文，深深地打动了他的老师，那位妈妈式的老师不仅给了他最高分，在班上带感情地朗读了这篇作文，还一笔一画地批道：你很聪明，你的作文写得非常感人，请放心，妈妈肯定会格外喜欢你的，老师肯定会格外喜欢你的，大家肯定会格外喜欢你的。

（节选自《普通话水平测试实施纲要》普通话水平测试用朗读作品 51 号）

● 选段 2

在逃去如飞的日子里，在千门万户的世界里的我能做些什么呢？只有徘徊罢了，只有匆匆罢了；在八千多日的匆匆里，除徘徊外，又剩些什么呢？过去的日子如轻烟，被微风吹散了，如薄雾，被初阳蒸融了；我留着些什么痕迹呢？我何曾留着像游丝样的痕迹呢？我赤裸裸来到这世界，转眼间也将赤裸裸的回去罢？但不能平的，为什么偏白白走这一遭啊？

你聪明的，告诉我，我们的日子为什么一去不复返呢？

（节选自《普通话水平测试实施纲要》普通话水平测试用朗读作品 50 号）

话题表达

请根据下面的话题和提纲自由表达，时间不少于三分钟。

话题：谈谈个人修养和社会公德（普通话水平测试用话题 25 和 24）

提纲：1. 何谓个人修养？何谓社会公德？

2. 个人修养体现在哪些具体方面？社会公德体现在哪些具体方面？

3. 个人修养与社会公德之间有什么联系？

4. 如何提高个人修养？如何培养社会公德意识？

自评与收获

本课自评

是否完成本课所有练习	□ 全部完成	□ 完成大部分	□ 完成小部分
对学习成果是否满意	□ 非常满意	□ 满意	□ 不太满意

我的发音词典之 b、d、g

重点、难点内容	字：
	词：
	句：

（续表）

我觉得自己发音发得不错的内容	字：	
	词：	
	句：	
我觉得自己还没有完全掌握的内容	字：	
	词：	
	句：	

第4课 p、t、k

学习目标

通过本课的学习，掌握p、t、k的发音要领，准确而且熟练地读出含有p、t、k的字词，正确听辨含有p、t、k的字词。

课前思考

试着朗读下面的句子。和同学交流：哪些字中包含p、t、k？你读得怎么样？

1. 在里约热内卢的一个贫民窟里，有一个男孩子，他非常喜欢足球。
2. 从未见过开得这样盛的藤萝，只见一片辉煌的淡紫色，像一条瀑布，从空中垂下。

知识解析

概念回忆

1. 请参考课前课中的“发音器官示意图”，找一找自己声带的大体位置。
2. 请参考课前课中的“普通话声母发音部位分布示意图”，找一找p、t、k的发音部位在哪儿。
3. 请在课前课中找到“送气音”“声门”的概念，读一读，并试着说一说“送气音”在发音时有什么特点。

知识学习

本课我们将学习p、t、k这三个声母的发音。p、t、k都是送气的清塞音，三个音的发音方法相同，但发音部位不同，三个音的发音部位依次后移，分别为双唇、舌尖中和舌面后。发送气音时，需要打开声门。你可以试着呵呵气，体会一下声门打开的感觉；也可以试着咳嗽一下，体会一下声门打开后气流由内向外快速冲出的感觉。

下面我们具体学习一下 p、t、k 这三个声母。

10. p 双唇、送气、清塞音

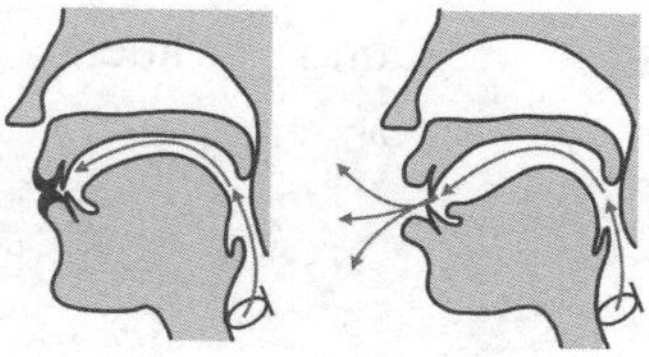

发音要领

发音状况与发 b 时大致相同，区别在于因为声门打开，双唇打开时有一股显著的气流快速冲出。

示范发音

pī 批	pí 皮	pǐ 匹	pì 譬
pū 扑	pú 葡	pǔ 普	pù 铺
piāo 飘	piáo 瓢	piǎo 瞟	piào 票

11. t 舌尖中、送气、清塞音

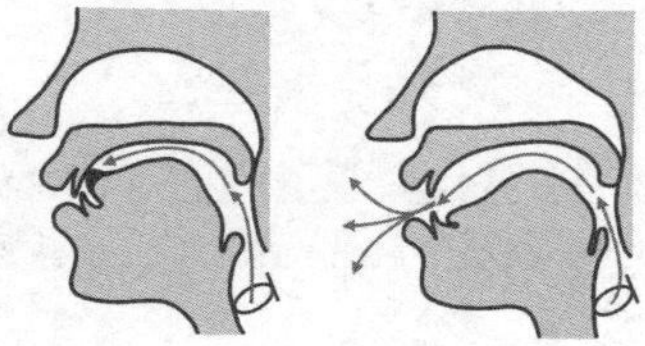

发音要领

发音状况与发 d 时大致相同，区别在于舌尖下降的瞬间，因为声门打开，有一股显著的气流快速冲出。

示范发音

tī 踢	tí 提	tǐ 体	tì 替
tū 突	tú 图	tǔ 土	tù 兔
tuō 脱	tuó 驮	tuǒ 妥	tuò 拓

12. k 舌面后、送气、清塞音

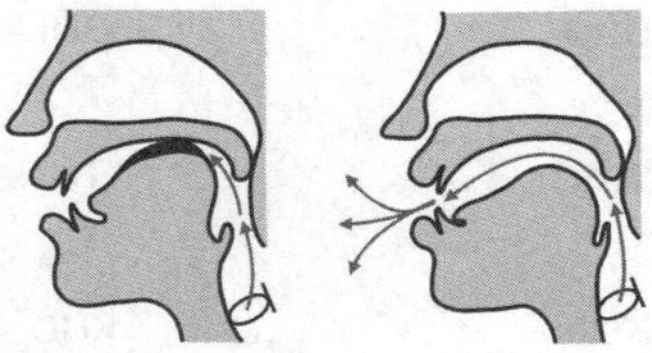

发音要领

发音状况与发 g 时大致相同，区别在于舌面后部离开软腭时，因为声门打开，有一股显著的气流快速冲出。

示范发音

kē 科	ké 咳	kě 可	kè 客
kuī 亏	kuí 葵	kuǐ 跬	kuì 溃
kuāng 筐	kuáng 狂	kuǎng 夼	kuàng 况

知识理解

如何判断自己发的是不是送气音?

送气音在发音时能明显感到一股强烈的气流从口腔中喷出。我们可以采用“吹纸法”来判断发的是不是送气音。准备一张薄纸片，放在嘴前。发 b 时，纸片不会飘动；发 p 时，纸片会飘动。同理，发 t 和 k 时，纸片也会飘动。

基础练习

单字训练

录音“码”上听

一、按要求朗读下列汉字，注意 p、t、k 的发音。

1. 听示范录音并跟读。

pāi 拍	péi 培	pǐn 品	pàn 判
tōng 通	tán 谈	tǎng 躺	tài 态
kuān 宽	kuí 魁	kǎo 考	kuài 快

2. 小组内听读互动：两人一组，互相听读。

piān 偏	píng 平	pǎo 跑	pèi 配
tuī 推	tuán 团	tǒng 统	tè 特
kāi 开	kuáng 狂	kěn 肯	kuò 扩

二、按要求朗读下列汉字，注意体会每组字之间的发音差别。

1. 听示范录音并跟读。

pōu tōu	pán tán	pǐ tǐ	pàn tàn
剖—偷	盘—谈	匹—体	盼—探
tāng kāng	tū kū	tǎn kǎn	tuò kuò
汤—糠	突—枯	坦—坎	拓—扩
kāi pāi	káng páng	kǔ pǔ	kào pào
开—拍	扛—彷	苦—普	靠—炮

2. 小组内听读互动：两人一组，互相听读。

piān tiān	páng táng	piē tiě	pù tù
偏—添	彷—堂	撇—铁	铺—兔
tōng kōng	tuī kuī	tǎo kǎo	tè kè
通—空	推—窥	讨—考	特—刻
kān pān	kàng páng	kǎo pǎo	kàn pàn
刊—攀	抗—旁	考—跑	看—判

词语训练

录音“码”上听

一、按要求朗读下列词语，注意 p、t、k 的发音。

1. 听示范录音并跟读。

pīpàn	páiliè	pǐndé	pànduàn
批判	排列	品德	判断
piāoyáng	pífū	pǔsù	piàoliang
飘扬	皮肤	朴素	漂亮
tōngcháng	tuánjié	tǐhuì	tèbié
通常	团结	体会	特别
tūchū	túshū	tǒngyī	tàidù
突出	图书	统一	态度
kāishǐ	késou	kǎoshì	kànjiàn
开始	咳嗽	考试	看见
kuānkuò	kuíhuā	kěndìng	kètǐ
宽阔	葵花	肯定	客体

2. 小组内听读互动：两人一组，互相听读。

pāishè	péiyǎng	pǔtōng	pèihé
拍摄	培养	普通	配合
piānjiàn	píngděng	pǎodào	pìrú
偏见	平等	跑道	譬如

tuīdòng 推动	tígāo 提高	tǔrǎng 土壤	tàntǎo 探讨
tuōlí 脱离	tánhuà 谈话	tuǒxié 妥协	tìdài 替代
kējì 科技	kuíwu 魁梧	kěkào 可靠	kuàilè 快乐
kuīsǔn 亏损	kuángrè 狂热	kǔnàn 苦难	kùcún 库存

二、按要求朗读下列词语，注意体会每组词语之间的发音差别。

1. 听示范录音并跟读。

pōuxī tōuxí 剖析 — 偷袭	pánwèn tánlùn 盘问 — 谈论	pǐpèi tǐwèi 匹配 — 体味	pànwàng tànwàng 盼望 — 探望
mǐtāng mǐkāng 米汤 — 米糠	tūwéi kūwěi 突围 — 枯萎	tǎnkè kǎnkě 坦克 — 坎坷	tuòzhǎn kuòzhǎn 拓展 — 扩展
kāishè pāishè 开设 — 拍摄	kánghuó pánghuáng 扛活 — 彷徨	kǔtòng pǔtōng 苦痛 — 普通	kàojìn pàojī 靠近 — 炮击

2. 小组内听读互动：两人一组，互相听读。

piānzhí tiānzhì 偏执 — 添置	pánghuáng tánghuáng 彷徨 — 堂皇	piězuǐ tiězuǐ 撇嘴 — 铁嘴	pùzi tùzi 铺子 — 兔子
tōngqì kōngqì 通气 — 空气	tuīduàn kuītàn 推断 — 窥探	tǎoyàn kǎoyàn 讨厌 — 考验	tèyì kèyì 特意 — 刻意
kāndēng pāndēng 刊登 — 攀登	kàngzhēng pángzhèng 抗争 — 旁证	kǎotí pǎotí 考题 — 跑题	kànbìng pàndìng 看病 — 判定

自我测评

录音"码"上听

一、听录音，在你听到的词语对应的选项上画圈，然后朗读这些词语。

1. A 剖析　B 偷袭　C 投机　D 投资　E 炮击
2. A 谈话　B 谈判　C 判断　D 盼望　E 探望
3. A 通气　B 空气　C 客气　D 刻意　E 特意
4. A 突围　B 枯萎　C 苦痛　D 普通　E 图腾
5. A 推断　B 窥探　C 勘探　D 刊登　E 攀登
6. A 瞥见　B 偏见　C 偏执　D 添置　E 贴近

听辨自测：我做对了____道题。

需要注意的词语：

二、找出每组加点字的声母不同的一项，然后听示范录音并跟读。

（　　）1. A 推广	B 培育	C 体育
（　　）2. A 苦恼	B 考虑	C 普遍
（　　）3. A 可爱	B 特点	C 空间
（　　）4. A 扩张	B 平常	C 批发
（　　）5. A 宽大	B 提倡	C 团体
（　　）6. A 品质	B 排斥	C 突然

读辨自测：我做对了____道题。

需要注意的词语：

综合练习

作品朗读

录音“码”上听

朗读时，注意材料中 p、t、k 的发音。

● **选段 1**

在里约热内卢的一个贫民窟里，有一个男孩子，他非常喜欢足球，可是又买不起，于是就踢塑料盒，踢汽水瓶，踢从垃圾箱里拣来的椰子壳。他在胡同里踢，在能找到的任何一片空地上踢。

有一天，当他在一处干涸的水塘里猛踢一个猪膀胱时，被一位足球教练看见了。他发现这个男孩儿踢得很像是那么回事，就主动提出要送给他一个足球。小男孩儿得到足球后踢得更卖劲了。不久，他就能准确地把球踢进远处随意摆放的一个水桶里。

（节选自《普通话水平测试实施纲要》普通话水平测试用朗读作品 41 号）

● **选段 2**

我不由得停住了脚步。

从未见过开得这样盛的藤萝，只见一片辉煌的淡紫色，像一条瀑布，从空中垂下，不见其发端，也不见其终极，只是深深浅浅的紫，仿佛在流动，在欢笑，在不停地生长。紫色的大条幅上，泛着点点银光，就像迸溅的水花。仔细看时，才知那是每一朵紫花中的最浅淡的部分，在和阳光互相挑逗。

（节选自《普通话水平测试实施纲要》普通话水平测试用朗读作品 59 号）

话题表达

请根据下面的话题和提纲自由表达，时间不少于三分钟。

话题：我所在的集体（学校、机关、公司等）(普通话水平测试用话题 23）

提纲：1. 点明你所在的集体（学校、机关、公司等）。

2. 简单描述你所在集体的情况。

3. 介绍这个集体中的人。

4. 谈谈这个集体对你的重要性。

自评与收获

本课自评

是否完成本课所有练习	☐ 全部完成	☐ 完成大部分	☐ 完成小部分
对学习成果是否满意	☐ 非常满意	☐ 满意	☐ 不太满意

我的发音词典之 p、t、k

重点、难点内容	字：
	词：
	句：
我觉得自己发音发得不错的内容	字：
	词：
	句：
我觉得自己还没有完全掌握的内容	字：
	词：
	句：

语音课堂 1　三声变调

在普通话中，三声只在单念或在词语、句子的末尾时才念原调。

当三声在一声、二声和四声字前面时，调值由 214 变为 21，即发音时，三声后半段上升的“尾巴”不发，只发前半段下降的部分（这样的三声也叫“半上”，见图 1 和图 2）。例如：

bǎowēn	huǒchē	jiǎshuō	xǔduō
保温	火车	假说	许多
dǎoyóu	kǎochá	lǎngdú	lǚxíng
导游	考察	朗读	旅行
guǎngdà	gǎnxiè	tǎolùn	zǔlì
广大	感谢	讨论	阻力

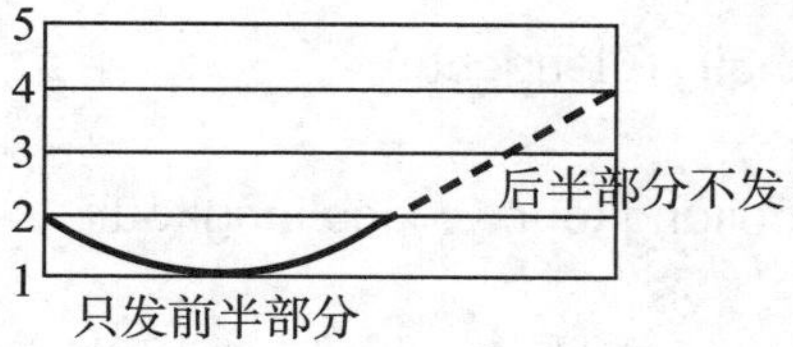

图 1　“半上”

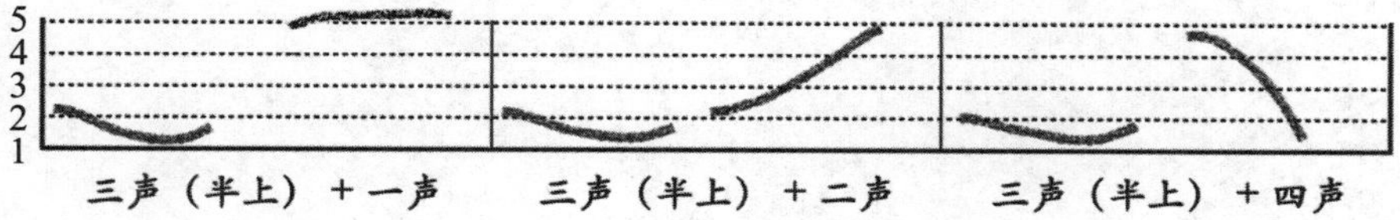

图 2　三声在一声、二声和四声前发成“半上”

当两个三声相连时，前一个三声读成二声。例如：

母语 mǔyǔ → múyǔ

古典 gǔdiǎn → gúdiǎn

小组 xiǎozǔ → xiáozǔ

允许 yǔnxǔ → yúnxǔ

当三个三声相连时，情况比较复杂。

1. 当词语结构是“双音节 + 单音节”时，按“(二声 + 二声) + 三声”读。例如：

水彩笔 shuǐcǎibǐ → shuícáibǐ

洗脸水 xǐliǎnshuǐ → xíliánshuǐ

采访者 cǎifǎngzhě → cáifángzhě

展览馆 zhǎnlǎnguǎn → zhánlánguǎn

2. 当词语结构是“单音节 + 双音节”时，按“半上 + (二声 + 三声)”读。例如：

党小组 dǎngxiǎozǔ → dǎngxiáozǔ

冷处理 lěngchǔlǐ → lěngchúlǐ

小两口儿 xiǎoliǎngkǒur → xiǎoliángkǒur

纸雨伞 zhǐyǔsǎn → zhǐyúsǎn

第5课 b–p、d–t、g–k

学习目标

通过本课的学习，巩固 b、d、g 和 p、t、k 的发音要领，准确而且熟练地读出含有 b、p、d、t、g、k 的字词，正确听辨含有 b、p、d、t、g、k 的字词。

课前思考

试着朗读下面的句子。和同学交流：哪些字中包含 b、d、g 和 p、t、k？你读得怎么样?

1. 太古大厦的建设者最后签了合同，占用这个大山坡建豪华商厦的先决条件是同意保护这棵老树。
2. 爸不懂得怎样表达爱，使我们一家人融洽相处的是我妈。他只是每天上班下班，而妈则把我们做过的错事开列清单，然后由他来责骂我们。

知识解析

概念回忆

1. 请参考课前课中的“普通话声母发音部位分布示意图”，找一找 b、d、g 和 p、t、k 的发音部位分别在哪儿，说一说两组音之间有什么联系。
2. 请在课前课中找到“送气音”和“不送气音”的概念，读一读，并试着说一说这两种音在发音时有什么不同。

知识学习

本课我们将辨析普通话中 b–p、d–t 和 g–k 的发音。通过第 3 课和第 4 课的学习，我们知道：b–p、d–t 和 g–k 这三组声母，每组的两个声母发音部位大致相同，三组音的发音部位依次后移，分别为双唇、舌尖中和舌面后（参见图 5-1），区别在于 p、t、k

是送气音，b、d、g 是不送气音（参见图 5-2）。

下面我们辨析一下 b-p、d-t 和 g-k 这三组声母。

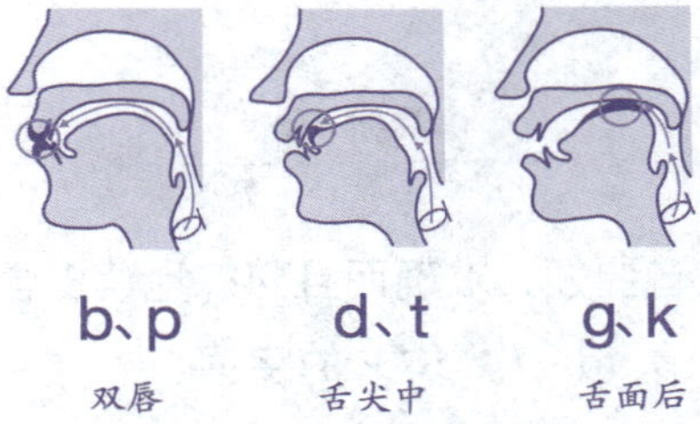

图 5-1　三组音发音部位的对比

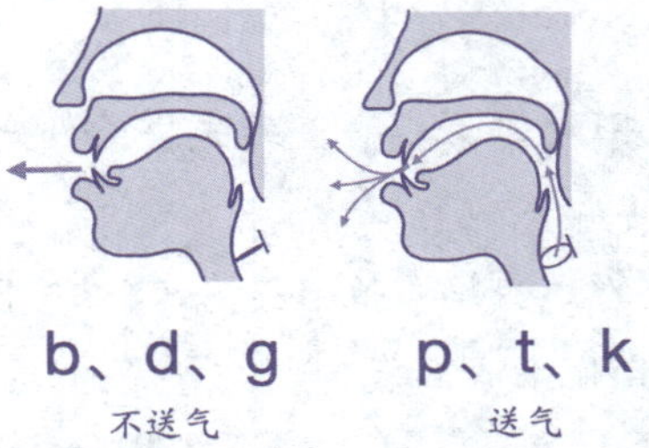

图 5-2　两组音送气与不送气的对比

示范发音

第一组 b-p

bāo　pāo	báo　páo	bǎo　pǎo	bào　pào
包—抛	雹—袍	饱—跑	报—炮
bī　pī	bí　pí	bǐ　pǐ	bì　pì
逼—批	鼻—皮	比—匹	避—譬
bō　pō	bó　pó	bǒ　pǒ	bò　pò
波—坡	伯—婆	跛—叵	擘—破

第二组 d-t

dāo　tāo	dáo　táo	dǎo　tǎo	dào　tào
刀—掏	捯—桃	岛—讨	到—套
dī　tī	dí　tí	dǐ　tǐ	dì　tì
低—踢	敌—提	底—体	地—替
dū　tū	dú　tú	dǔ　tǔ	dù　tù
督—突	读—图	堵—土	杜—吐

第三组 g-k

gē　kē	gé　ké	gě　kě	gè　kè
歌—科	格—壳	葛—可	个—刻
gān　kān		gǎn　kǎn	gàn　kàn
肝—刊		敢—砍	干—看
gū　kū		gǔ　kǔ	gù　kù
姑—哭		古—苦	顾—库

知识提升

1. 普通话声母中的送气音和不送气音是成对出现的吗？

是的，普通话声母中的送气音与不送气音是成对出现的。例如：

清塞音：b-p、d-t、g-k

清塞擦音：j-q、z-c、zh-ch

上述六组声母（前为不送气音，后为送气音），组内两个声母的发音部位相同，区别只在发音时是否送气。

2.“舌尖中音”是用舌尖的中部发音吗?

不是。“舌尖音”指的是舌尖**接触到**口腔内某个部位时所发的音。由于舌尖在口腔中活动非常灵活，从靠前的齿背到靠后的硬腭都能接触到，所以人们根据舌尖接触到的口腔部位的相对位置，将舌尖音分成了舌尖前音、舌尖中音和舌尖后音。

普通话中共有 11 个舌尖音，z、c、s 是舌尖前音，d、t、n、l 是舌尖中音，zh、ch、sh、r 是舌尖后音。

基础练习

单字训练

录音“码”上听

一、按要求朗读下列汉字，注意 b、d、g 和 p、t、k 的发音。

1. 听示范录音并跟读。

bā 扒	bái 白	bǔ 补	biàn 变
pā 趴	pái 排	pǔ 普	piàn 片
dān 担	dí 敌	dǎo 导	duì 队
tān 滩	tí 提	tǎo 讨	tuì 退
gōng 公	gé 隔	gǎi 改	guò 过
kōng 空	ké 咳	kǎi 凯	kuò 扩

2. 小组内听读互动：两人一组，互相听读。

bō 波	bí 鼻	bǎo 饱	bàn 办
pō 泼	pí 皮	pǎo 跑	pàn 判
dōng 东	dú 独	dǎ 打	dài 代
tōng 通	tú 图	tǎ 塔	tài 态

guā	gé	gǔ	gòu
瓜	革	古	构
kuā	ké	kǔ	kòu
夸	壳	苦	扣

二、按要求朗读下列汉字，注意体会每组字之间的发音差别。

1. 听示范录音并跟读。

bā pā	bái pái	bǎo pǎo	bào pào
扒—趴	白—排	饱—跑	爆—泡
biān piān	bí pí	běng pěng	bèi pèi
编—偏	鼻—皮	绷—捧	备—配
dān tān	dí tí	dǎo tǎo	dù tù
单—摊	敌—提	祷—讨	肚—兔
diān tiān	dú tú	dǎ tǎ	dàn tàn
颠—天	独—图	打—塔	氮—叹
gē kē	gé ké	gǎi kǎi	gè kè
胳—磕	格—壳	改—凯	个—客
gōng kōng	guī kuí	gǎo kǎo	guò kuò
工—空	规—葵	稿—考	过—阔

2. 小组内听读互动：两人一组，互相听读。

bī pī	báo páo	bǔ pǔ	bì pì
逼—批	雹—炮	补—普	毕—僻
bīn pīn	bá pá	bǐng píng	biàn piàn
宾—拼	拔—爬	屏—平	变—片
dōng tōng	dáo táo	dǎng tǎng	dài tài
东—通	捯—淘	党—倘	袋—态
diē tiē	duó tuó	dǎn tǎn	diào tiào
跌—贴	夺—驼	掸—毯	调—跳
gē kē	gān kān	gǔ kǔ	gòng kòng
割—颗	干—看	骨—苦	供—控
gōu kōu	gāng kàng	gǎn kǎn	guài kuài
钩—抠	钢—亢	感—砍	怪—快

词语训练

录音“码”上听

一、按要求朗读下列词语，注意 b、d、g 和 p、t、k 的发音。

1. 听示范录音并跟读。

biāoběn	báibǎn	běibian	biànbié
标本	白板	北边	辨别

pīpíng 批评	péngpài 澎湃	pǐpèi 匹配	piàopǐn 票品
bēnpǎo 奔跑	báo piàn 薄片	bǎopíng 宝瓶	bànpiào 半票
pānbǐ 攀比	píngbì 屏蔽	pǎobù 跑步	pànbiàn 叛变
dāngdài 当代	dúdào 独到	dǎdòng 打动	diàndòng 电动
tūntǔ 吞吐	tántiào 弹跳	tǐtiē 体贴	tàntǎo 探讨
dēngtǎ 灯塔	dútè 独特	dǎting 打听	dìtú 地图
tiāndì 天地	tóngděng 同等	tiědào 铁道	tàidù 态度
gōnggòng 公共	guógē 国歌	gǔgé 骨骼	guòguān 过关
kāikěn 开垦	kuíkuí 睽睽	kǎnkě 坎坷	kèkǔ 刻苦
gāokōng 高空	guókù 国库	gǎnkuài 赶快	gùkè 顾客
kānguǎn 看管	káng gùn 扛棍	kǔguǒ 苦果	kèguān 客观

2. 小组内听读互动：两人一组，互相听读。

bānbù 颁布	báobǐng 薄饼	bǎnběn 版本	bìbō 碧波
piānpì 偏僻	píngpàn 评判	pǐnpái 品牌	pèipíng 配平
biānpào 鞭炮	bié pà 别怕	bǐpīn 比拼	bèipò 被迫
piāobó 漂泊	péngbó 蓬勃	pǔbiàn 普遍	pèibèi 配备
dāndú 单独	diédài 迭代	dǎodàn 导弹	dìdiǎn 地点
tāntā 坍塌	táotuō 逃脱	tǎntú 坦途	tuìtíng 退庭
dītóu 低头	détǐ 得体	dǎotǐ 导体	dòngtài 动态
tuīdòng 推动	tóudǐng 头顶	tǔdì 土地	tèdiǎn 特点

gōnggào	guógé	gǎnguān	guàngài
公告	国格	感官	灌溉
kēkè	kuānkuò	kěkào	kùnkǔ
苛刻	宽阔	可靠	困苦
gōngkè	gōngkāi	gǎngkǒu	gàikuò
功课	公开	港口	概括
kāiguān	kěguì	kǎogǔ	kuànggōng
开关	可贵	考古	旷工

二、按要求朗读下列词语，注意体会每组词语之间的发音差别。

1. 听示范录音并跟读。

bāzhe pāzhe	bái qiú páiqiú	bǎole pǎole	bàopò pàomò
扒着 — 趴着	白球 — 排球	饱了 — 跑了	爆破 — 泡沫
biānhào piānhào	xiàngbí xiàngpí	běngliǎn pěng liǎn	bèijiàn pèijiàn
编号 — 偏好	象鼻 — 橡皮	绷脸 — 捧脸	备件 — 配件
dānwèi tānwèi	díshì tíshì	qídǎo qǐtǎo	dùzi tùzi
单位 — 摊位	敌视 — 提示	祈祷 — 乞讨	肚子 — 兔子
diānfù tiānfù	dúlì túlì	dǎzhōng tǎzhōng	dànqì tànqì
颠覆 — 天赋	独立 — 图例	打钟 — 塔钟	氮气 — 叹气
gēbo kēpò	guīgé guīké	gǎigé kǎigē	gètǐ kètǐ
胳膊 — 磕破	规格 — 龟壳	改革 — 凯歌	个体 — 客体
gōngchéng kōngchéng	guīhuà kuíhuā	gǎozhǐ kǎoshì	guòqī kuòqi
工程 — 空城	规划 — 葵花	稿纸 — 考试	过期 — 阔气

2. 小组内听读互动：两人一组，互相听读。

bīpò pībó	báozi páozhì	bǔjǐ pǔjí	bìjìng pìjìng
逼迫 — 批驳	雹子 — 炮制	补给 — 普及	毕竟 — 僻静
bīnyǔ pīnyīn	bágāo págāo	bǐngxī píngxī	biànhuàn piànduàn
宾语 — 拼音	拔高 — 爬高	屏息 — 平息	变幻 — 片段
dōngfēng tōngfēng	dáoqìr táoqì	dǎngshǐ tǎngshǐ	bùdài bùtài
东风 — 通风	捯气儿 — 淘气	党史 — 倘使	布袋 — 步态
diēshuǐ tiēshuǐ	duóbēi tuóbèi	dǎnzi tǎnzi	diàodòng tiàodòng
跌水 — 贴水	夺杯 — 驼背	掸子 — 毯子	调动 — 跳动
gēliè kēlì	gānkū kānhù	gǔtou kǔtóu	gòngzhí kòngzhì
割裂 — 颗粒	干枯 — 看护	骨头 — 苦头	供职 — 控制
gōuchū kōuchū	gāngjīn kàngjìn	gǎndào kǎndāo	guàiyì kuàiyì
钩出 — 抠出	钢筋 — 亢进	感到 — 砍刀	怪异 — 快意

自我测评

一、听录音，在你听到的词语对应的选项上画圈，然后朗读这些词语。

录音"码"上听

1. A 批驳	B 碧波	C 逼迫	D 体魄	E 低落
2. A 盘子	B 坛子	C 板子	D 班子	E 杆子
3. A 肚子	B 兔子	C 步子	D 铺子	E 裤子
4. A 敌视	B 提示	C 地势	D 鄙视	E 批示
5. A 供职	B 控制	C 通知	D 统治	E 冬至
6. A 独立	B 图例	C 苦力	D 孤立	E 鼓励

听辨自测：我做对了____道题。

需要注意的词语：

二、找出每组加点字的声母不同的一项，然后听示范录音并跟读。

(　　) 1. A 变革	B 编制	C 片刻
(　　) 2. A 单纯	B 叹息	C 担负
(　　) 3. A 过程	B 扩散	C 果断
(　　) 4. A 课堂	B 克服	C 个别
(　　) 5. A 排放	B 白天	C 牌子
(　　) 6. A 动物	B 痛快	C 同伴

读辨自测：我做对了____道题。

需要注意的词语：

综合练习

作品朗读

录音"码"上听

朗读时，注意材料中 b、d、g 和 p、t、k 的发音。

选段 1

太古大厦的建设者最后签了合同，占用这个大山坡建豪华商厦的先决条件是同意保护这棵老树。

树长在半山坡上，计划将树下面的成千上万吨山石全部掏空取走，腾出地方来盖楼，把树架在大楼上面，仿佛它原本是长在楼顶上似的。建设者就地造了一个直径十八米、深十米的大花盆，先固定好这棵老树，再在大花盆底下盖楼。光这一项就花了两千三百八十九万港币，堪称是最昂贵的保护措施了。

太古大厦落成之后，人们可以乘滚动扶梯一次到位，来到太古大厦的顶层，出后门，那儿是一片自然景色。一棵大树出现在人们面前，树干有一米半粗，树冠直径足有二十多米，独木成林，非常壮观，形成一座以它为中心的小公园，取名叫"榕圃"。

（节选自《普通话水平测试实施纲要》普通话水平测试用朗读作品 47 号）

选段 2

爸不懂得怎样表达爱，使我们一家人融洽相处的是我妈。他只是每天上班下班，而妈则把我们做过的错事开列清单，然后由他来责骂我们。

有一次我偷了一块糖果，他要我把它送回去，告诉卖糖的说是我偷来的，说我愿意替他拆箱卸货作为赔偿。但妈妈却明白我只是个孩子。

我在运动场打秋千跌断了腿，在前往医院途中一直抱着我的，是我妈。爸把汽车停在急诊室门口，他们叫他驶开，说那空位是留给紧急车辆停放的。爸听了便叫嚷道："你以为这是什么车？旅游车？"

在我生日会上，爸总是显得有些不大相称。他只是忙于吹气球，布置餐桌，做杂务。把插着蜡烛的蛋糕推过来让我吹的，是我妈。

我翻阅照相册时，人们总是问："你爸爸是什么样子的？"天晓得！他老是忙着替别人拍照。妈和我笑容可掬地一起拍的照片，多得不可胜数。

（节选自《普通话水平测试实施纲要》普通话水平测试用朗读作品 10 号）

话题表达

请根据下面的话题和提纲自由表达，时间不少于三分钟。

话题：谈谈服饰（普通话水平测试用话题 14）

提纲：1. 何谓“服饰”？你对“服饰”这一概念的理解是什么？

2.“服饰”的功能是什么？

3. 你对“服饰”的评价标准是什么？

4. 服饰与节日、风俗等传统文化有什么关系？

自评与收获

本课自评

是否完成本课所有练习	□ 全部完成	□ 完成大部分	□ 完成小部分
对学习成果是否满意	□ 非常满意	□ 满意	□ 不太满意

我的发音词典之 b、d、g 和 p、t、k

重点、难点内容	字：
	词：
	句：
我觉得自己发音发得不错的内容	字：
	词：
	句：
我觉得自己还没有完全掌握的内容	字：
	词：
	句：

第6课 m、n、l

学习目标

通过本课的学习，掌握 m、n、l 的发音要领，准确而且熟练地读出含有 m、n、l 的字词，正确听辨含有 m、n、l 的字词。

课前思考

试着朗读下面的句子。和同学交流：哪些字中包含 m、n、l？你读得怎么样？

1. 我们都呆了，回过头来，看着深褐色的牛队，在路的尽头消失，忽然觉得自己受了很大的恩惠。
2. 翠绿的颜色明亮地在我们的眼前闪耀，似乎每一片树叶上都有一个新的生命在颤动，这美丽的南国的树！

知识解析

概念回忆

1. 请参考课前课中的“发音器官示意图”，找一找鼻腔通道在哪儿，并说一说鼻腔通道打开时口腔中会发生什么变化。
2. 请参考课前课中的“普通话声母发音部位分布示意图”，找一找 m、n、l 的发音部位在哪儿。
3. 请在课前课中找到“浊音”“鼻音”“边音”的概念，读一读，并试着说一说“浊音”和“清音”的区别是什么。

知识学习

本课我们将学习 m、n、l 这三个声母的发音。m、n、l 都是浊音，发音时声带会振动。m 和 n 都是鼻音，发音时气流都从鼻腔通过，两个音的差别在于发音部位不同，m 在双唇,n 在舌尖中。n 和 l 的发音部位相同，但发 l 时气流不能从鼻腔通过，而应从口腔通过。

下面我们具体学习一下 m、n、l 这三个声母。

13. m 双唇、浊、鼻音

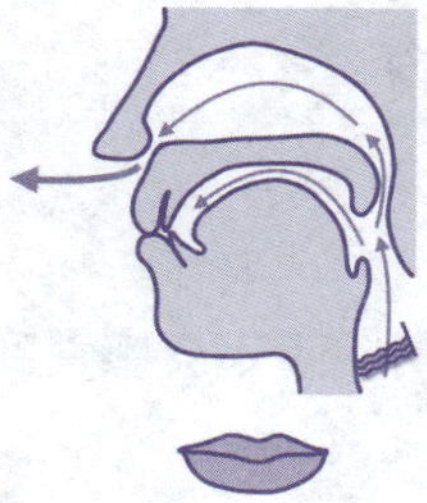

发音要领

双唇先紧闭，然后软腭下降，鼻腔通道打开，气流从鼻腔通过，声带振动。

示范发音

mā 妈	má 麻	mǎ 马	mà 骂
māo 猫	máo 矛	mǎo 卯	mào 贸
miāo 喵	miáo 描	miǎo 秒	miào 妙

14. n 舌尖中、浊、鼻音

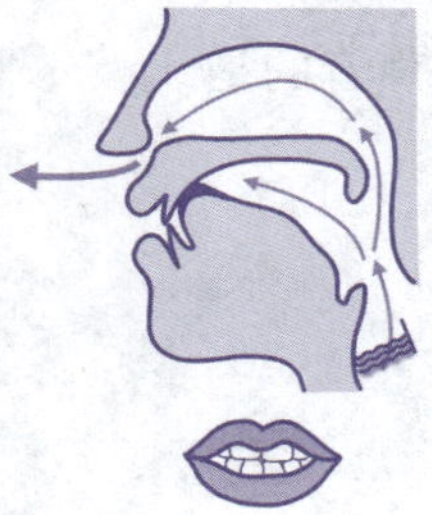

发音要领

舌尖先抵住上齿龈，然后软腭下降，鼻腔通道打开，气流从鼻腔通过，声带振动。

示范发音

Nā 那*	ná 拿	nǎ 哪	nà 纳
niū 妞	niú 牛	niǔ 扭	niù 拗
niān 拈	nián 年	niǎn 碾	niàn 念

15. l 舌尖中、浊、边音

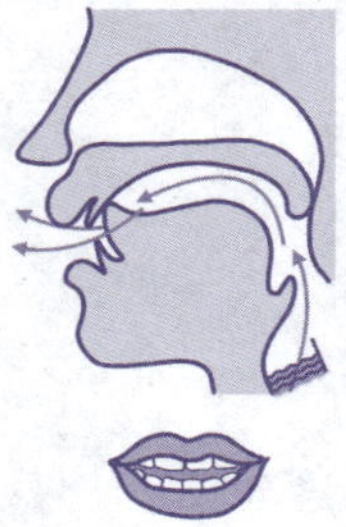

发音要领

舌尖先抵住上齿龈，然后软腭上升，堵住鼻腔通道，气流从舌头两侧通过，声带振动。

示范发音

lū 撸	lú 炉	lǔ 鲁	lù 路

---

* "那"做姓时，读 Nā。

lāo 捞	láo 劳	lǎo 老	lào 烙
liū 溜	liú 流	liǔ 柳	liù 六

知识理解

1. 如何判断自己发的是不是浊音?

可以利用“手触法”。把手放在声带处，当我们发清音时，手不会感觉到声带的振动，发浊音时，手能明显感觉到声带的振动。

在普通话的 21 个声母中，除 17 个清音外，还有 4 个浊音，分别是本课所学的 m、n、l 和第 10 课要学的 r。

2. 如何判断自己发的是 n 还是 l?

可以采用“对镜法”。取一张硬纸片横放在上唇的上方，面向镜子，尽量靠近。如果发的是 n，则镜子的上半部会出现水汽；如果发的是 l，则镜子的下半部会出现水汽。也可以采用“捏鼻法”。捏住鼻子能发出声音的是 l，发不出声音的是 n。

基础练习

单字训练

录音“码”上听

一、按要求朗读下列汉字，注意 m、n、l 的发音。

1. 听示范录音并跟读。

mēn 闷	máng 盲	měi 美	mì 秘
niē 捏	nán 难	nǎo 脑	nèi 内
lūn 抡	lái 来	lǐ 理	liàn 练

2. 小组内听读互动：两人一组，互相听读。

mēng 蒙	mín 民	mǎn 满	mù 目

niān	nóng	nuǎn	nì
蔫	农	暖	溺
luō	lián	lǐng	lèi
捋	联	领	类

二、按要求朗读下列汉字，注意体会每组字之间的发音差别。

1. 听示范录音并跟读。

méng néng	mí ní	miǎo niǎo	mì nì
萌 — 能	猕—泥	秒 — 鸟	密—逆
nán lán	níng líng	nǚ lǚ	nì lì
难 — 栏	凝—聆	女 — 旅	逆—利
léi méi	lián mián	lěng měng	liè miè
雷 — 梅	莲—棉	冷 — 猛	劣—蔑

2. 小组内听读互动：两人一组，互相听读。

míng níng	mián nián	mǔ nǔ	mào nào
名—凝	棉—年	牡—努	冒—闹
nián lián	nóng lóng	nǐ lǐ	nèi lèi
黏—廉	浓—隆	拟—礼	内—类
lí mí	líng míng	liǎo miǎo	lù mù
离—弥	零—明	了—渺	陆—目

词语训练

录音“码”上听

一、按要求朗读下列词语，注意 m、n、l 的发音。

1. 听示范录音并跟读。

māomī	miáoxiě	mǎnyì	mìmì
猫咪	描写	满意	秘密
mōsuǒ	mínzú	měilì	màoyì
摸索	民族	美丽	贸易
niēzào	niúdú	nǚ’ér	nèibù
捏造	牛犊	女儿	内部
fāniān	níngjìng	nuǎnhuo	nàixīn
发蔫	宁静	暖和	耐心
lālǒng	láodòng	lǚxíng	lèixíng
拉拢	劳动	履行	类型
liūda	liúdòng	lǐyóu	luòshí
溜达	流动	理由	落实

2. 小组内听读互动：两人一组，互相听读。

mēnrè	máodùn	miǎnyì	mùdì
闷热	矛盾	免疫	目的
mābù	mángmù	mǎlù	miànlín
抹布	盲目	马路	面临
nīzi	niánqīng	niǔtóu	nàrù
妮子	年轻	扭头	纳入
niūniu	nénglì	nǎodai	niàntou
妞妞	能力	脑袋	念头
lāoqǔ	liánhé	lǎoshī	liànxí
捞取	联合	老师	练习
līnbāo	láiyuán	lǐngxiù	lùxiàn
拎包	来源	领袖	路线

二、按要求朗读下列词语，注意体会每组词语之间的发音差别。

1. 听示范录音并跟读。

méngdòng	néngdòng	míhóu	níhóu	fēnmiǎo	fēngniǎo	mìfēng	nìfēng
萌动 —	能动	猕猴 —	泥猴	分秒 —	蜂鸟	密封 —	逆风
nánkān	lángān	níngshì	língtīng	nǚxìng	lǚxíng	nìchā	lìchā
难堪 —	栏杆	凝视 —	聆听	女性 —	旅行	逆差 —	利差
léiyǔ	méiyǔ	liánhuā	miánhuā	shēnglěng	shēngměng	lièshì	mièshì
雷雨 —	梅雨	莲花 —	棉花	生冷 —	生猛	劣势 —	蔑视

2. 小组内听读互动：两人一组，互相听读。

míngwàng	níngwàng	miánxiàn	niánxiàn	mǔlì	nǔlì	màoshi	nàoshì
名望 —	凝望	棉线 —	年限	牡蛎 —	努力	冒失 —	闹事
niánjié	liánjié	nóngzhòng	lóngzhòng	nǐyì	lǐyí	nèituī	lèituī
黏结 —	廉洁	浓重 —	隆重	拟议 —	礼仪	内推 —	类推
lísàn	mísàn	língxīng	míngxīng	liǎorán	miǎorán	lùdì	mùdì
离散 —	弥散	零星 —	明星	了然 —	渺然	陆地 —	目的

自我测评

录音“码”上听

一、听录音，在你听到的词语对应的选项上画圈，然后朗读这些词语。

1. A 隆重　B 浓重　C 挪动　D 能动　E 萌动
2. A 蔑视　B 劣势　C 藐视　D 鸟瞰　E 瞭望
3. A 莲花　B 棉花　C 棉线　D 连线　E 年限
4. A 聆听　B 凝视　C 凝望　D 名望　E 明示
5. A 老师　B 冒失　C 帽子　D 脑子　E 闹事

6. A 礼仪　　B 拟议　　C 厘米　　D 迷离　　E 利益

听辨自测：我做对了____道题。
需要注意的词语：

二、找出每组加点字的声母不同的一项，然后听示范录音并跟读。

(　　) 1. A 联系　　B 了解　　C 描绘
(　　) 2. A 内容　　B 民间　　C 弥补
(　　) 3. A 难以　　B 来信　　C 能源
(　　) 4. A 满足　　B 理解　　C 密切
(　　) 5. A 秘书　　B 逆境　　C 泥土
(　　) 6. A 年代　　B 流行　　C 落后

读辨自测：我做对了____道题。
需要注意的词语：

综合练习

作品朗读

录音“码”上听

朗读时，注意材料中 m、n、l 的发音。

● 选段 1

对于中国的牛，我有着一种特别尊敬的感情。

留给我印象最深的，要算在田垄上的一次“相遇”。

一群朋友郊游，我领头在狭窄的阡陌上走，怎料迎面来了几头耕牛，狭道容不下人和牛，终有一方要让路。它们还没有走近，我们已经预计斗不过畜生，恐怕难免踩到田地泥水里，弄得鞋袜又泥又湿了。正踟蹰的时候，带头的一头牛，在离我们不远的地方停下来，抬起头看看，稍迟疑一下，就自动走下田去。一队耕牛，全跟着它离开阡陌，从我们身边经过。

我们都呆了，回过头来，看着深褐色的牛队，在路的尽头消失，忽然觉得自己受了很大的恩惠。

（节选自《普通话水平测试实施纲要》普通话水平测试用朗读作品 57 号）

选段 2

现在正是枝繁叶茂的时节。这棵榕树好像在把它的全部生命力展示给我们看。那么多的绿叶，一簇堆在另一簇的上面，不留一点儿缝隙。翠绿的颜色明亮地在我们的眼前闪耀，似乎每一片树叶上都有一个新的生命在颤动，这美丽的南国的树！

船在树下泊了片刻，岸上很湿，我们没有上去。朋友说这里是“鸟的天堂”，有许多鸟在这棵树上做窝，农民不许人去捉它们。我仿佛听见几只鸟扑翅的声音，但是等到我的眼睛注意地看那里时，我却看不见一只鸟的影子。只有无数的树根立在地上，像许多根木桩。地是湿的，大概涨潮时河水常常冲上岸去。“鸟的天堂”里没有一只鸟，我这样想道。船开了，一个朋友拨着船，缓缓地流到河中间去。

（节选自《普通话水平测试实施纲要》普通话水平测试用朗读作品 48 号）

话题表达

请根据下面的话题和提纲自由表达，时间不少于三分钟。

话题：难忘的旅行（普通话水平测试用话题 7）

提纲：1. 你对“旅行”的喜爱程度如何？

2.“旅行”意味着什么？

3. 说一说你的一次难忘的旅行。

4. 那次旅行为什么令你难忘？

自评与收获

本课自评

是否完成本课所有练习	□ 全部完成	□ 完成大部分	□ 完成小部分
对学习成果是否满意	□ 非常满意	□ 满意	□ 不太满意

我的发音词典之m、n、l

重点、难点内容	字：
	词：
	句：
我觉得自己发音发得不错的内容	字：
	词：
	句：
我觉得自己还没有完全掌握的内容	字：
	词：
	句：

第7课 f、h

学习目标

通过本课的学习，掌握 f、h 的发音要领，准确而且熟练地读出含有 f、h 的字词，正确听辨含有 f、h 的字词。

课前思考

试着朗读下面的句子。和同学交流：哪些字中包含 f、h？你读得怎么样？

1. 孩子同风筝都在天与地之间悠荡，连心也被悠荡得恍恍惚惚了，好像又回到了童年。
2. 山上的矮松越发的青黑，树尖儿上顶着一髻儿白花，好像日本看护妇。

知识解析

概念回忆

1. 请参考课前课中的“发音器官示意图”，找一找自己的舌根（即舌面后部）在哪儿，试着用自己的上齿碰一碰下唇。
2. 请参考课前课中的“普通话声母发音部位分布示意图”，找一找 f、h 的发音部位在哪儿。
3. 请在课前课中找到“擦音”的概念，读一读，并试着说一说“擦音”和“塞音”在发音时有什么不同。

知识学习

本课我们将学习 f、h 这两个声母的发音。f、h 都是清擦音。擦音的特点是，发音时，口腔中某两个部位靠近，不接触或轻轻接触，气流从这两个部位形成的缝隙中挤出。f、h 的区别在于发音部位不同，f 在唇齿，h 在舌根。

下面我们具体学习一下 f、h 这两个声母。

16. f　唇齿、清、擦音

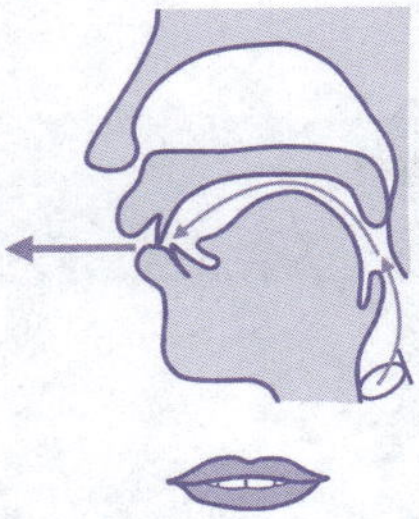

发音要领

下唇先与上齿轻轻接触，形成极小的缝隙，然后让气流从缝隙中挤出。

示范发音

fā	fá	fǎ	fà
发	罚	法	珐
fū	fú	fǔ	fù
夫	服	府	负
fēi	féi	fěi	fèi
飞	肥	匪	费

17. h　舌面后、清、擦音

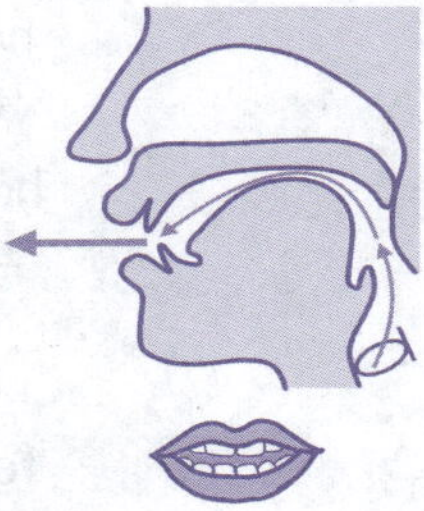

发音要领

舌根向软腭贴近，留出一道窄缝，气流从舌根与软腭间的缝隙中挤出。

示范发音

hū	hú	hǔ	hù
呼	湖	虎	互
huī	huí	huǐ	huì
灰	回	毁	会
huān	huán	huǎn	huàn
欢	环	缓	幻

知识理解

发 f 和 h 时要注意些什么？

发 f 时，上门齿要轻轻接触下唇的内侧。这里需要注意三点：一是上门齿是与下唇内侧而不是外侧接触；二是两个部位只是轻轻地接触而不是紧贴或咬住；三是发音开始时，双唇会因为下唇向上门齿靠拢而形成间隙，略微张开，不会像发 b、p、m 时那样紧闭。

发 h 时，可以先做出发 g 的动作，双唇自然张开，让舌根找到发音的位置，然后再发 h。

此外，f 和 h 混用是方言地区，尤其是西南地区常见的语言现象，其中最常见的就是把普通话中发 f 和发 hu- 的音混成一个音，比如把 huā（花）发成 fā（发），把 fēi（飞）发成 huī（灰）。在练习时，我们需要先把 f、h 这两个音发对，然后再对照自己的方言与普通话，找到对应的规律，进行强化练习。

基础练习

单字训练

录音“码”上听

一、按要求朗读下列汉字，注意 f、h 的发音。

1. 听示范录音并跟读。

fān	fú	fǎn	fèn
翻	扶	反	奋
fēng	fáng	fǒu	fù
丰	防	否	附
hēi	hán	hěn	hài
黑	含	很	害
hū	hé	hǎo	hòu
忽	和	好	后

2. 小组内听读互动：两人一组，互相听读。

fāng	fán	fǔ	fàn
方	繁	辅	范
fēn	fú	fěn	fù
分	幅	粉	复
hūn	huái	hǎn	huà
婚	怀	罕	话
huī	hóng	hǎi	huò
恢	宏	海	获

二、按要求朗读下列汉字，注意体会每组字之间的发音差别。

1. 听示范录音并跟读。

fān hān	fáng háng	fěn hěn	fàn hàn
翻 — 鼾	防 — 航	粉 — 很	犯 — 捍
fāng huāng	fáng huáng	fǎng huǎng	fàn huàn
方 — 荒	防 — 黄	仿 — 幌	泛 — 患

fēi huī	féi huí	fǔ hǔ	fèi huì
飞—挥	肥—回	辅—唬	废—晦
fēn hūn	fán huán	fǎng huǎng	fèn hùn
分—婚	烦—环	仿—恍	奋—混

2. 小组内听读互动：两人一组，互相听读。

fēi hēi	fán hán	fǒu hǒu	fù hù
扉—黑	繁—含	否—吼	赋—互
fēi huī	fán huán	fěi huǐ	fàn huàn
绯—恢	凡—环	菲—悔	泛—唤
fēn hūn	fá huá	fǎn huǎn	fèi huì
纷—昏	乏—华	返—缓	肺—讳
fū hū	fú hú	fǎ huà	fèn hùn
夫—呼	福—狐	法—化	愤—混

词语训练

录音"码"上听

一、按要求朗读下列词语，注意 f、h 的发音。

1. 听示范录音并跟读。

fādá	fāzhǎn	fēijī	fēnbié
发达	发展	飞机	分别
fákuǎn	fánróng	fúwù	fángwū
罚款	繁荣	服务	房屋
fǎlǜ	fǎnduì	fěnmò	fǔzhù
法律	反对	粉末	辅助
fànwéi	fèiyong	fùzé	fùjìn
范围	费用	负责	附近
hēi'àn	hūshì	huāduǒ	huīchén
黑暗	忽视	花朵	灰尘
hángyè	héxié	huánjìng	huódòng
行业	和谐	环境	活动
hǎiyáng	huǎnmàn	hǎnjiàn	huǒbàn
海洋	缓慢	罕见	伙伴
hàipà	hùzhù	huànxiǎng	huòdé
害怕	互助	幻想	获得

2. 小组内听读互动：两人一组，互相听读。

fānyì 翻译	fēicháng 非常	fēngfù 丰富	fūqī 夫妻
fángzhǐ 防止	féiliào 肥料	fúhào 符号	fúdù 幅度
fǎngfú 仿佛	fǒudìng 否定	fǎguī 法规	fǎnyìng 反映
fàngxīn 放心	fèndòu 奋斗	fùjìn 附近	fùzá 复杂
hūxī 呼吸	huānyíng 欢迎	huīfù 恢复	hūnyīn 婚姻
hánliàng 含量	hóngguān 宏观	huáiyí 怀疑	huídá 回答
hǎnjiào 喊叫	huǒjiàn 火箭	hǎoxiàng 好像	huǐmiè 毁灭
hòuguǒ 后果	huàmiàn 画面	huàtí 话题	huìyì 会议

二、按要求朗读下列词语，注意体会每组词语之间的发音差别。

1. 听示范录音并跟读。

fānshēn hānshēng 翻身 — 鼾声	fángkōng hángkōng 防空 — 航空	fěnhóng hěn hóng 粉红 — 很红	fànzuì hànwèi 犯罪 — 捍卫
fāngyuán huāngyuán 方圆 — 荒原	fángxiàn huángxiàn 防线 — 黄线	fǎngzhì huǎngzi 仿制 — 幌子	fànlàn huànnàn 泛滥 — 患难
fēiwǔ huīwǔ 飞舞 — 挥舞	féizào huíbào 肥皂 — 回报	fǔzhù hǔzhù 辅助 — 唬住	fèiqì huìqì 废气 — 晦气
fēnpèi hūnpèi 分配 — 婚配	fánzào huánrào 烦躁 — 环绕	fǎngfú huǎnghū 仿佛 — 恍惚	fènzhàn hùnzhàn 奋战 — 混战

2. 小组内听读互动：两人一组，互相听读。

fēiyè hēiyè 扉页 — 黑夜	fányù hányì 繁育 — 含义	fǒurèn hǒushēng 否认 — 吼声	fùshuì hùhuì 赋税 — 互惠
fēihóng huīhóng 绯红 — 恢宏	fánshì huánshì 凡是 — 环视	bùfěi bù huǐ 不菲 — 不悔	fànqǐ huànqǐ 泛起 — 唤起
fēnfán hūnhuáng 纷繁 — 昏黄	fálì huálì 乏力 — 华丽	qiǎnfǎn jiǎnhuǎn 遣返 — 减缓	fèiyán huìyán 肺炎 — 讳言
fūqī hūxī 夫妻 — 呼吸	fúlì húli 福利 — 狐狸	fǎyuàn huàyàn 法院 — 化验	fènhèn hùndùn 愤恨 — 混沌

自我测评

录音"码"上听

一、听录音，在你听到的词语对应的选项上画圈，然后朗读这些词语。

1. A 翻身　B 鼾声　C 繁盛　D 烦躁　E 环绕
2. A 寒气　B 泛起　C 唤起　D 晦气　E 废气
3. A 防空　B 航空　C 皇宫　D 荒原　E 方圆
4. A 绯红　B 恢宏　C 黑夜　D 扉页　E 废液
5. A 婚配　B 分配　C 分红　D 粉红　E 浑厚
6. A 乏力　B 华丽　C 狐狸　D 福利　E 法理

听辨自测：我做对了____道题。

需要注意的词语：

二、找出每组加点字的声母不同的一项，然后听示范录音并跟读。

(　　) 1. A 发挥　B 花费　C 合理
(　　) 2. A 分割　B 混合　C 方程
(　　) 3. A 风光　B 符合　C 轰鸣
(　　) 4. A 婚礼　B 分离　C 划分
(　　) 5. A 范畴　B 服装　C 换取
(　　) 6. A 富有　B 飞船　C 灰尘

读辨自测：我做对了____道题。

需要注意的词语：

综合练习

作品朗读

录音“码”上听

朗读时，注意材料中 f、h 的发音。

● 选段 1

假日到河滩上转转，看见许多孩子在放风筝。一根根长长的引线，一头系在天上，一头系在地上，孩子同风筝都在天与地之间悠荡，连心也被悠荡得恍恍惚惚了，好像又回到了童年。

儿时放的风筝，大多是自己的长辈或家人编扎的，几根削得很薄的篾，用细纱线扎成各种鸟兽的造型，糊上雪白的纸片，再用彩笔勾勒出面孔与翅膀的图案。通常扎得最多的是“老雕”“美人儿”“花蝴蝶”等。

（节选自《普通话水平测试实施纲要》普通话水平测试用朗读作品 9 号）

● 选段 2

最妙的是下点儿小雪呀。看吧，山上的矮松越发的青黑，树尖儿上顶着一髻儿白花，好像日本看护妇。山尖儿全白了，给蓝天镶上一道银边。山坡上，有的地方雪厚点儿，有的地方草色还露着；这样，一道儿白，一道儿暗黄，给山们穿上一件带水纹儿的花衣；看着看着，这件花衣好像被风儿吹动，叫你希望看见一点儿更美的山的肌肤。等到快日落的时候，微黄的阳光斜射在山腰上，那点儿薄雪好像忽然害羞，微微露出点儿粉色。就是下小雪吧，济南是受不住大雪的，那些小山太秀气。

（节选自《普通话水平测试实施纲要》普通话水平测试用朗读作品 17 号）

话题表达

请根据下面的话题和提纲自由表达，时间不少于三分钟。

话题：谈谈科技发展与社会生活（普通话水平测试用话题 17）

提纲：1. 我们的生活中有哪些科学技术的因素？

2. 科学技术给人们的生活带来了哪些便利？

3. 科学技术有什么弊端？

4. 如何让科技更好地服务人类？

自评与收获

本课自评

是否完成本课所有练习	□ 全部完成	□ 完成大部分	□ 完成小部分
对学习成果是否满意	□ 非常满意	□ 满意	□ 不太满意

我的发音词典之 f、h

重点、难点内容	字：
	词：
	句：
我觉得自己发音发得不错的内容	字：
	词：
	句：
我觉得自己还没有完全掌握的内容	字：
	词：
	句：

第8课 j、q、x

学习目标

通过本课的学习，掌握 j、q、x 的发音要领，准确而且熟练地读出含有 j、q、x 的字词，正确听辨含有 j、q、x 的字词。

课前思考

试着朗读下面的句子。和同学交流：哪些字中包含 j、q、x？你读得怎么样？

1. 人们常常只是在幸福的金马车已经驶过去很远时，才捡起地上的金鬃毛说，原来我见过它。
2. 秦始皇兵马俑、西夏王陵、楼兰古国、布达拉宫、三星堆、大足石刻等历史文化遗产，同样为世界所瞩目，成为中华文化重要的象征。

知识解析

概念回忆

1. 请参考课前课中的“发音器官示意图”，找一找自己的硬腭在哪儿。
2. 请参考课前课中的“普通话声母发音部位分布示意图”，找一找 j、q、x 的发音部位在哪儿。
3. 请在课前课中找到“舌面前音”“塞擦音”的概念，读一读，并试着说一说“塞擦音”和“擦音”在发音时有什么不同。

知识学习

本课我们将学习 j、q、x 这三个声母的发音。j、q、x 的发音部位都在舌面前部。用舌尖抵住下齿背，发单韵母 i，此时，我们能感受到舌面微微隆起，这个隆起的部分就是舌面前部。发 j、q、x 时，舌面前部会抵住或接近硬腭前部，在这个过程中，舌尖会离开下齿背，呈自然下垂状态。

j和q的区别在于发j时不送气，发q时送气。x与j、q的区别在于发x时舌面前部不需要先抵住硬腭前部。

下面我们具体学习一下j、q、x这三个声母。

18. j 舌面前、不送气、清、塞擦音

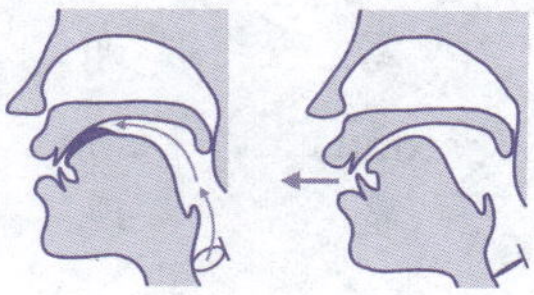

发音要领

舌面前部先抵住硬腭前部，口腔蓄气，然后舌面前部稍稍离开硬腭，让气流从舌面前部与硬腭间的窄缝中挤出。

示范发音

jī 机	jí 急	jǐ 几	jì 记
jiā 家	jiá 夹	jiǎ 假	jià 价
jiē 接	jié 结	jiě 姐	jiè 借

19. q 舌面前、送气、清、塞擦音

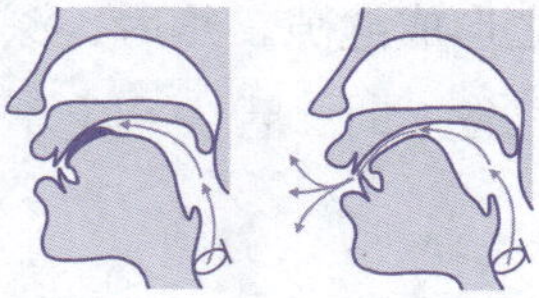

发音要领

发音状况与发j时大致相同，区别在于，在舌面前部离开硬腭的瞬间，有一股较强的气流从舌面前部与硬腭间的窄缝中挤出。

示范发音

qī 七	qí 奇	qǐ 起	qì 气
qiē 切	qié 茄	qiě 且	qiè 怯
qiāo 敲	qiáo 桥	qiǎo 巧	qiào 翘

20. x 舌面前、清、擦音

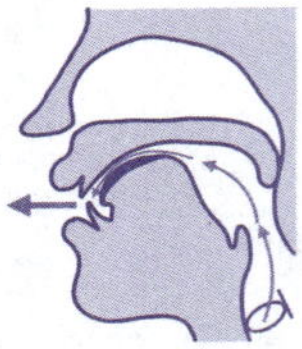

发音要领

舌面前部接近硬腭前部，让气流从舌面前部与硬腭间的窄缝中挤出。

示范发音

xī 希	xí 习	xǐ 喜	xì 细
xiē 些	xié 协	xiě 写	xiè 谢
xiān 先	xián 弦	xiǎn 显	xiàn 现

知识理解

1. 如何练习发 j、q、x？

练习发 j 时，可以先将舌尖抵住下齿背发 i，然后舌面前部稍稍向前、向上移动，直到抵住硬腭前部，再发音，就是 j 了。此时，舌尖离开下齿背，呈自然下垂状。

q 和 j 的区别是 q 送气，j 不送气。找到发 j 的感觉后，加入送气的状态就可以发出 q 来。也可以按照 t—x—t—x—t—x—q 的顺序来练习发 q。

练习发 x 时，仍然是先将舌尖抵住下齿背发 i，然后舌面前部向前、向上移动。但是，舌面前部不是抵住硬腭前部，而是接近硬腭前部，与之形成缝隙。然后，深吸一口气，让气流从这条缝隙中摩擦通过，就能发出 x 了。注意，发 x 时，舌尖一定不能碰到上、下齿背。

j、q、x 都是清音，发音时声带不振动。

练习发这组音时，可以根据自己的实际情况来安排这三个音的练习顺序：可以按照 j、q、x 的顺序来练习；如果觉得发 x 比较容易，也可以先练习发 x，找到感觉后再练习发 j 和 q。

2. j、q、x 能与 u 相拼吗？

不能。j、q、x 只跟以 i 和 ü 开头的韵母相拼。《汉语拼音方案》规定，以 ü 开头的韵母（ü、üe、üan、ün）在与 j、q、x 相拼时，ü 上两点省略。因此，我们看见的拼音，如 ju、qu、xu 等，并不是 j、q、x 与 u 相拼，而是与 ü 相拼，读的时候要特别注意。

基础练习

单字训练

录音“码”上听

一、按要求朗读下列汉字，注意 j、q、x 的发音。

1. 听示范录音并跟读。

jiān	jú	jiǎn	jù
坚	局	检	具
qīn	qián	qǔ	qià
亲	前	取	恰
xiāng	xiáng	xiǎng	xùn
相	详	想	训

2. 小组内听读互动：两人一组，互相听读。

jiāo	jué	jǐn	jìn
交	决	紧	进
quē	qióng	qǐng	què
缺	穷	请	确
xīn	xué	xuǎn	xiào
心	学	选	效

二、按要求朗读下列汉字，注意体会每组字之间的发音差别。

1. 听示范录音并跟读。

xī jī	xié jié	xiǎn jiǎn	xù jù
溪—激	斜—截	险—简	蓄—聚
xīn qīn	xuán quán	xǐ qǐ	xiàn qiàn
新—亲	旋—权	洗—启	陷—嵌
jīng qīng	jié qié	jǔ qǔ	jià qià
晶—轻	截—茄	举—曲	架—恰

2. 小组内听读互动：两人一组，互相听读。

xiān jiān	xué jué	xǐng jǐng	xì jì
先—兼	学—爵	醒—景	系—技
xū qū	xún qún	xiǎng qiǎng	xù qù
虚—驱	寻—群	享—抢	序—趣
jiān qiān	jǐng qǐng	jiè qiè	jiàn qiàn
坚—签	警—请	介—惬	健—欠

录音“码”上听

词语训练

一、按要求朗读下列词语，注意 j、q、x 的发音。

1. 听示范录音并跟读。

jīhuì 机会	jímáng 急忙	jiǎrú 假如	jùtǐ 具体
jiāxiāng 家乡	júbù 局部	jǐnjí 紧急	jìlù 记录
qīnqiè 亲切	qíguài 奇怪	qǐfā 启发	qìhòu 气候
quēfá 缺乏	qiáoliáng 桥梁	qǐngqiú 请求	qiàdàng 恰当
xiānghù 相互	xíguàn 习惯	xuǎnzé 选择	xìjié 细节
xīnlǐ 心理	xuéxiào 学校	xiǎngfǎ 想法	xiàndài 现代

2. 小组内听读互动：两人一组，互相听读。

jiānchí 坚持	jiéguǒ 结果	jiǎnchá 检查	jìnbù 进步
jiāojì 交际	juédìng 决定	jiějué 解决	jiàgé 价格
qījiān 期间	qiánjìn 前进	qǐyuán 起源	qùwèi 趣味
qīngxī 清晰	quánbù 全部	qǔxiāo 取消	quèlì 确立
xiānhòu 先后	xiángxì 详细	xǐhuan 喜欢	xiàoguǒ 效果
xīwàng 希望	xiétiáo 协调	xiǎnrán 显然	xùnliàn 训练

二、按要求朗读下列词语，注意体会每组词语之间的发音差别。

1. 听示范录音并跟读。

xīliú 溪流 — jīliú 激流	xiémiàn 斜面 — jiémiàn 截面	xiǎnyào 险要 — jiǎnyào 简要	xùjī 蓄积 — jùjī 聚积
xīnrén 新人 — qīnrén 亲人	xuánlǜ 旋律 — quánlì 权利	xǐdí 洗涤 — qǐdí 启迪	xiànrù 陷入 — qiànrù 嵌入
jīngyíng 晶莹 — qīngyíng 轻盈	jiézhǐ 截止 — qiézi 茄子	jǔmù 举目 — qǔmù 曲目	jiàshi 架势 — qiàsì 恰似

2. 小组内听读互动：两人一组，互相听读。

xiānbèi jiānbèi 先辈 — 兼备	xuéshì juéshì 学士 — 爵士	xǐngwù jǐngwù 醒悟 — 景物	xìshù jìshù 系数 — 技术
xūshí qūshǐ 虚实 — 驱使	xúnzhǎo qúndǎo 寻找 — 群岛	xiǎngshòu qiǎnggòu 享受 — 抢购	yǒuxù yǒuqù 有序 — 有趣
jiāndìng qiāndìng 坚定 — 签订	jǐngshì qǐngshì 警示 — 请示	jièyì qièyì 介意 — 惬意	jiànquán qiànquē 健全 — 欠缺

自我测评

录音“码”上听

一、听录音，在你听到的词语对应的选项上画圈，然后朗读这些词语。

1. A 集邮　B 激流　C 气流　D 溪流　E 稀有
2. A 学士　B 爵士　C 寝室　D 警示　E 形式
3. A 坚定　B 签订　C 限定　D 心情　E 轻盈
4. A 蓄积　B 积极　C 契机　D 启迪　E 洗涤
5. A 介意　B 惬意　C 协议　D 绝密　E 确立
6. A 趣事　B 叙事　C 虚实　D 趋势　E 驱使

听辨自测：我做对了____道题。

需要注意的词语：

二、找出每组加点字的声母不同的一项，然后听示范录音并跟读。

(　　) 1. A 轻易　B 机器　C 强烈

(　　) 2. A 亲自　B 究竟　C 健康

(　　) 3. A 确定　B 新闻　C 学者

(　　) 4. A 具备　B 相信　C 进化

(　　) 5. A 取得　B 清楚　C 寻求

(　　) 6. A 序列　B 希冀　C 记忆

读辨自测：我做对了____道题。

需要注意的词语：

综合练习

作品朗读

录音“码”上听

朗读时，注意材料中 j、q、x 的发音。

选段 1

享受幸福是需要学习的，当它即将来临的时刻需要提醒。人可以自然而然地学会感官的享乐，却无法天生地掌握幸福的韵律。灵魂的快意同器官的舒适像一对孪生兄弟，时而相傍相依，时而南辕北辙。

幸福是一种心灵的震颤。它像会倾听音乐的耳朵一样，需要不断地训练。

简而言之，幸福就是没有痛苦的时刻。它出现的频率并不像我们想象的那样少。人们常常只是在幸福的金马车已经驶过去很远时，才捡起地上的金鬃毛说，原来我见过它。

（节选自《普通话水平测试实施纲要》普通话水平测试用朗读作品 40 号）

选段 2

西部地区是华夏文明的重要发源地。秦皇汉武以后，东西方文化在这里交汇融合，从而有了丝绸之路的驼铃声声，佛院深寺的暮鼓晨钟。敦煌莫高窟是世界文化史上的一个奇迹，它在继承汉晋艺术传统的基础上，形成了自己兼收并蓄的恢宏气度，展现出精美绝伦的艺术形式和博大精深的文化内涵。秦始皇兵马俑、西夏王陵、楼兰古国、布达拉宫、三星堆、大足石刻等历史文化遗产，同样为世界所瞩目，成为中华文化重要的象征。

（节选自《普通话水平测试实施纲要》普通话水平测试用朗读作品 45 号）

话题表达

请根据下面的话题和提纲自由表达，时间不少于三分钟。

话题：我喜欢的季节（或天气）（普通话水平测试用话题 12）

提纲：1. 你居住和生活的地方有几个季节（天气怎么样）？

2. 你最喜欢哪个季节（什么天气）？

3. 你为什么喜欢这个季节（这种天气）？

4. 这个季节（这种天气）对生产生活有什么影响？

自评与收获

本课自评

是否完成本课所有练习	□ 全部完成	□ 完成大部分	□ 完成小部分
对学习成果是否满意	□ 非常满意	□ 满意	□ 不太满意

我的发音词典之 j、q、x

重点、难点内容	字：
	词：
	句：
我觉得自己发音发得不错的内容	字：
	词：
	句：
我觉得自己还没有完全掌握的内容	字：
	词：
	句：

语音课堂 2 “一”“不”变调

普通话中存在“一”“不”的变调。

1.“一”的变调

（1）“一”在四声字前读成二声。例如：

yíbàn	yídìng	yígòng	yíyàng
一半	一定	一共	一样

（2）“一”在非四声字前读成四声。例如：

yìbān	yìbiān	yìtiān	yìxiē
一般	一边	一天	一些
yìshí	yìzhí	yìtóu	yì qún
一时	一直	一头	一群
yìqǐ	yìmǐ	yìzǎo	yìzhǔn
一起	一米	一早	一准

需要注意的是，当“一”做序数时，不变调。例如：“一排”的“一”不变调（读一声）时表示“第一排”，而变调（读四声）时表示“全排”；“一队”的“一”不变调时表示“第一队”或“一号队”，而变调（读二声）时表示“全队”。

2.“不”的变调

“不”只有一种变调。“不”在四声字前读成二声。例如：

búbì	búcuò	búdàn	búhuì
不必	不错	不但	不会

第9课　z、c、s

学习目标

通过本课的学习，掌握 z、c、s 的发音要领，准确而且熟练地读出含有 z、c、s 的字词，正确听辨含有 z、c、s 的字词。

课前思考

试着朗读下面的句子。和同学交流：哪些字中包含 z、c、s？你读得怎么样？

1. 我之所以如此，或许是因为有某种力量在鞭策着我——正如蚕被鞭策着去结茧一般。
2. 据专家测算，一片十万亩面积的森林，相当于一个两百万立方米的水库，这正如农谚所说的："山上多栽树，等于修水库。雨多它能吞，雨少它能吐。"

知识解析

概念回忆

1. 请参考课前课中的"发音器官示意图"，找一找自己的上齿背在哪儿。
2. 请参考课前课中的"普通话声母发音部位分布示意图"，找一找 z、c、s 的发音部位在哪儿。
3. 请在课前课中找到"舌尖前音"的概念，读一读，并试着说一说"舌尖前音"和"舌面前音"在发音部位上有什么不同。

知识学习

本课我们将学习 z、c、s 这三个声母的发音。z、c、s 都是舌尖前音。所谓舌尖前是指发音时舌尖接触或接近的上齿背（或下齿背）在口腔中属于相对靠前的位置。由于在接触或接近齿背时舌尖是平伸着的，所以舌尖前音也叫平舌音。

z、c 的发音部位相同，区别是 z 是不送气音，c 是送气音。s 与 z、c 的区别在于发

s 时舌尖不需要抵住上齿背，贴近即可。

下面我们具体学习一下 z、c、s 这三个声母。

21. z 舌尖前、不送气、清、塞擦音

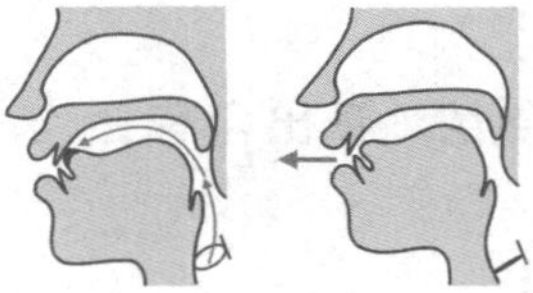

发音要领

舌尖先抵住上齿背（或下齿背）形成阻碍，口腔蓄气，然后一股较弱的气流把阻碍冲开一条细缝，从缝隙中挤出。

示范发音

zāo 遭	záo 凿	zǎo 早	zào 造
zān 簪	zán 咱	zǎn 攒	zàn 暂
zuō 嘬	zuó 昨	zuǒ 左	zuò 做

22. c 舌尖前、送气、清、塞擦音

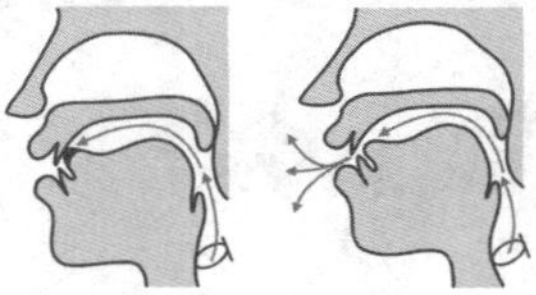

发音要领

发音状况与发 z 时大致相同，区别在于发音时会有一股较强的气流从舌尖与齿背的缝隙中挤出。

示范发音

cī 疵	cí 词	cǐ 此	cì 刺
cāi 猜	cái 才	cǎi 采	cài 菜
cān 参	cán 残	cǎn 惨	càn 灿

23. s 舌尖前、清、擦音

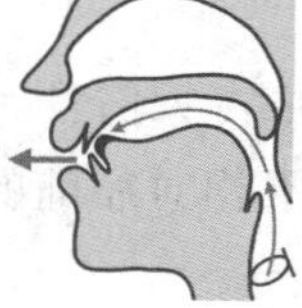

发音要领

舌尖前伸，接近上齿背（或下齿背），气流从舌尖与齿背的缝隙中挤出。

示范发音

suī	suí	suǐ	suì
虽	随	髓	岁
sī		sǐ	sì
私		死	四
sōng	sóng	sǒng	sòng
松	㞞	耸	送

知识理解

1. 如何练习发 z、c、s？

如何发 z？由于 s 这个音比较常见，我们可以先从发 s 入手。先试着发 s，在发 s 的同时，舌尖有意识地向前抵住上齿背（或下齿背），此时 s 的发音会中断；深吸一口气，然后舌尖略微放松，与齿背之间形成一条缝隙，让气流从缝隙中破擦而出，这样就发出了 z。

找到发 z 的感觉后，加入送气的状态就可以发出 c 来。也可以按照 t—s—t—s—t—s—c 的顺序练习发 c。

注意，z、c、s 都是清音，发音时声带不振动。

练习时，可以根据自己的实际情况来安排这三个音的练习顺序：可以直接按照 z、c、s 的顺序来练习；如果觉得发 s 比较容易，也可以先练习发 s，然后通过 s 来练习发 z 和 c。

2. zi、ci、si 的韵母是 i 吗？

不是。zi、ci、si 的韵母是单韵母 -i（前）(参见课前课中的“普通话单元音舌位图”)。在普通话中，由于单韵母 -i（前）只出现在声母 z、c、s 后，所以我们对 zi、ci、si 进行整体认读即可。注意，在普通话中，声母 z、c、s 不能与单韵母 i 拼合。

基础练习

单字训练

录音“码”上听

一、按要求朗读下列汉字，注意 z、c、s 的发音。

1. 听示范录音并跟读。

zēng	zé	zǔ	zì
增	责	祖	自

cāo 操	cún 存	cǎo 草	cù 促
sōng 松	suí 随	sǔn 损	sè 色

2. 小组内听读互动：两人一组，互相听读。

zī 资	zú 足	zǒng 总	zuì 最
cā 擦	cóng 从	cǎi 彩	cuò 错
suō 缩	sú 俗	sǎn 伞	suàn 算

二、按要求朗读下列汉字，注意体会每组字之间的发音差别。

1. 听示范录音并跟读。

sī zī 丝—资	sú zú 俗—族	sǒng zǒng 耸—总	sì zì 肆—恣
sūn cūn 孙—村	sān cān 三—参	sǎn cǎn 散—惨	sì cì 伺—刺
zāo cāo 糟—操	záo cáo 凿—槽	zǎo cǎo 藻—草	zuò cuò 座—错
jī zī 基—资	jǐ zì 脊—渍	jǐ zǐ 几—子	jì zì 纪—自
qī cī 七—疵	qí cí 歧—词	qǐ cǐ 启—此	qì cì 器—次
xī sī 稀—私	xī sī 唏—思	xī sì 夕—饲	xì sì 细—四

2. 小组内听读互动：两人一组，互相听读。

sī zī 私—资	suǒ zuǒ 锁—左	sì zì 四—自	suàn zuàn 蒜—钻
sāo cāo 骚—操	sī cí 私—词	sǐ cǐ 死—此	sù cù 速—促
zū cū 租—粗	zǎi cǎi 宰—采	zòng cóng 纵—从	zì cí 字—词
jí zī 及—资	jǐ zī 给—滋	jì zì 寄—自	jì zì 计—字
qí cí 棋—磁	qǐ cí 起—辞	qì cí 器—瓷	qì cì 气—刺
xī sī 西—斯	xí sī 袭—司	xǐ sǐ 洗—死	xì sì 戏—寺

词语训练

录音“码”上听

一、按要求朗读下列词语，注意 z、c、s 的发音。

1. 听示范录音并跟读。

zēngjiā	zérèn	zǔguó	zìyóu
增加	责任	祖国	自由
zīgé	zúgòu	zǒngjié	zuòfǎ
资格	足够	总结	做法
cānguān	cúnzài	cǐwài	cuòwù
参观	存在	此外	错误
cāozuò	cíhuì	cǎiyòng	cùjìn
操作	词汇	采用	促进
sīrén	súyǔ	sǐwáng	sùdù
私人	俗语	死亡	速度
suōxiǎo	suíjí	sǔnhài	suìyuè
缩小	随即	损害	岁月

2. 小组内听读互动：两人一组，互相听读。

zāoyù	zánmen	zǎoqī	zànshí
遭遇	咱们	早期	暂时
zūnxún	zuótiān	zuǒyòu	zuìhòu
遵循	昨天	左右	最后
cōngmíng	cóngcǐ	cǎisè	cànlàn
聪明	从此	彩色	灿烂
cūcāo	cáinéng	cǎoyuán	cìjī
粗糙	才能	草原	刺激
suīrán	suíbiàn	suǒxìng	sùzào
虽然	随便	索性	塑造
sīkǎo	súhuà	sǔnshī	sànbù
思考	俗话	损失	散步

二、按要求朗读下列词语，注意体会每组词语之间的发音差别。

1. 听示范录音并跟读。

sījīn zījīn	mínsú mínzú	sǒnglì zǒngjì	sìyì zìyì
丝巾 — 资金	民俗 — 民族	耸立 — 总计	肆意 — 恣意
sūnzi cūnzi	sān guān cānguān	sǎnmàn cǎn'àn	sìjī cìjī
孙子 — 村子	三观 — 参观	散漫 — 惨案	伺机 — 刺激
zāoxīn cāoxīn	fǔzáo tǔcáo	hǎizǎo hǎicǎo	zuòwèi cuòwèi
糟心 — 操心	斧凿 — 吐槽	海藻 — 海草	座位 — 错位

jīběn zīběn 基本—资本	jídì zǐdì 及第—子弟	jǐshí zǐshí 几时—子时	jìlǜ zìlǜ 纪律—自律
qī diǎn cīdiǎn 七点—疵点	qíyì cíyì 歧义—词义	qǐzhì cǐzhì 启智—此致	qìjù cìxù 器具—次序
xīyǒu sīyǒu 稀有—私有	xīxū sīxù 唏嘘—思绪	xīyáng sìyǎng 夕阳—饲养	xìzé sìzé 细则—四则

2. 小组内听读互动：两人一组，互相听读。

sīlì zīlì 私立—资历	suǒliàn zuǒmiàn 锁链—左面	sìjì zìjì 四季—字迹	suàntóu zuàntóu 蒜头—钻头
sāodòng cāozòng 骚动—操纵	sīyǔ cíyǔ 私语—词语	sǐjì cǐdì 死寂—此地	sùchéng cùchéng 速成—促成
zūjīn cūxīn 租金—粗心	zǎixiàng cǎiyàng 宰相—采样	zòngróng cóngróng 纵容—从容	zìdiǎn cídiǎn 字典—词典
jígé zīgé 及格—资格	jǐyǎng zīyǎng 给养—滋养	jìjū zìjū 寄居—自居	jìhuà zìhuà 计划—字画
qípán cípán 棋盘—磁盘	qǐdiǎn cídiǎn 起点—辞典	táoqì táocí 陶器—陶瓷	qìwèi cìwei 气味—刺猬
xīwén sīwén 西文—斯文	xíjī sījī 袭击—司机	xǐqián sǐqián 洗钱—死钱	xìyuàn sìyuàn 戏院—寺院

自我测评

录音“码”上听

一、听录音，在你听到的词语对应的选项上画圈，然后朗读这些词语。

1. A 基金	B 资金	C 丝巾	D 私心	E 司机
2. A 作为	B 座位	C 错位	D 所谓	E 琐碎
3. A 操心	B 糟心	C 扫兴	D 早期	E 噪音
4. A 塞回	B 彩绘	C 踩碎	D 栽培	E 再会
5. A 租金	B 粗心	C 促进	D 肃静	E 苏醒
6. A 思绪	B 自诩	C 期许	D 次序	E 继续

听辨自测：我做对了____道题。

需要注意的词语：

二、找出每组加点字的声母不同的一项，然后听示范录音并跟读。

(　　) 1. A 从前	B 总结	C 自己
(　　) 2. A 森林	B 增多	C 足以
(　　) 3. A 草地	B 早已	C 词典
(　　) 4. A 散发	B 参加	C 饲料
(　　) 5. A 最近	B 塑料	C 随后
(　　) 6. A 错过	B 思索	C 苍白

读辨自测：我做对了____道题。
需要注意的词语：

综合练习

作品朗读

录音“码”上听

朗读时，注意材料中 z、c、s 的发音。

● 选段 1

有一年的春天，我因病被迫在家里休息数周。我注视着我的女儿们所养的蚕正在结茧，这使我很感兴趣。望着这些蚕执着地、勤奋地工作，我感到我和它们非常相似。像它们一样，我总是耐心地把自己的努力集中在一个目标上。我之所以如此，或许是因为有某种力量在鞭策着我——正如蚕被鞭策着去结茧一般。

（节选自《普通话水平测试实施纲要》普通话水平测试用朗读作品 43 号）

● 选段 2

森林涵养水源，保持水土，防止水旱灾害的作用非常大。据专家测算，一片十万亩面积的森林，相当于一个两百万立方米的水库，这正如农谚所说的：“山上多栽树，等于修水库。雨多它能吞，雨少它能吐。”

说起森林的功劳，那还多得很。它除了为人类提供木材及许多种生产、生活的原料之外，在维护生态环境方面也是功劳卓著，它用另一种“能吞能吐”的特殊功能孕育了人类。因为地球在形成之初，大气中的二氧化碳含量很高，氧气很少，气温也高，生物是难以生存的。大约在四亿年之前，陆地才产生了森林。森林慢慢将大气中的二氧化碳吸收，同时吐出新鲜氧气，调节气温：这才具备了人类生存的条件，地球上才最终有了人类。

（节选自《普通话水平测试实施纲要》普通话水平测试用朗读作品 31 号）

话题表达

请根据下面的话题和提纲自由表达，时间不少于三分钟。

话题：我的家乡（或熟悉的地方）（普通话水平测试用话题 20）

提纲：1. 点明你的家乡或熟悉的地方的地理位置，介绍一下那里的景色和气候。

2. 那里有什么样的风俗习惯？

3. 那里经历了怎样的变化？带给你什么美好的回忆？

4. 如何把你的家乡或熟悉的地方建设得更加美好？

自评与收获

本课自评

是否完成本课所有练习	□ 全部完成	□ 完成大部分	□ 完成小部分
对学习成果是否满意	□ 非常满意	□ 满意	□ 不太满意

我的发音词典之 z、c、s

重点、难点内容	字：
	词：
	句：
我觉得自己发音发得不错的内容	字：
	词：
	句：
我觉得自己还没有完全掌握的内容	字：
	词：
	句：

第10课 zh、ch、sh、r

学习目标

通过本课的学习，掌握 zh、ch、sh、r 的发音要领，准确而且熟练地读出含有 zh、ch、sh、r 的字词，正确听辨含有 zh、ch、sh、r 的字词。

课前思考

试着朗读下面的句子。和同学交流：哪些字中包含 zh、ch、sh、r？你读得怎么样?

1. 大海，也被这霞光染成了红色，而且比天空的景色更要壮观。
2. 人们从读书学做人，从那些往哲先贤以及当代才俊的著述中学得他们的人格。

知识解析

概念回忆

1. 请参考课前课中的“发音器官示意图”，找一找自己的硬腭前部在哪儿。
2. 请参考课前课中的“普通话声母发音部位分布示意图”，找一找 zh、ch、sh、r 的发音部位在哪儿。
3. 请在课前课中找到“舌尖后音”的概念，读一读，并试着说一说“舌尖后音”和“舌面后音”在发音部位上有什么不同。

知识学习

本课我们将学习 zh、ch、sh、r 这四个声母的发音。zh、ch、sh、r 都是舌尖后音。所谓舌尖后是指发音时舌尖接触或贴近的硬腭前部在口腔中属于相对靠后的位置。舌尖后音又称翘舌音或卷舌音，因为发音时舌尖需要向上翘起，去寻找硬腭前部，在发音过程中，我们能感觉到舌尖向上卷了起来。

zh 和 ch 发音部位相同，区别是 zh 不送气，ch 送气。sh、r 与 zh、ch 的区别在于发 sh 和 r 时舌尖不需要抵住硬腭前部，贴近即可。sh、r 的发音部位虽然相同，但发 sh 时声带不振动，发 r 时声带会振动。

下面我们具体学习一下 zh、ch、sh、r 这四个声母。

24. zh 舌尖后、不送气、清、塞擦音

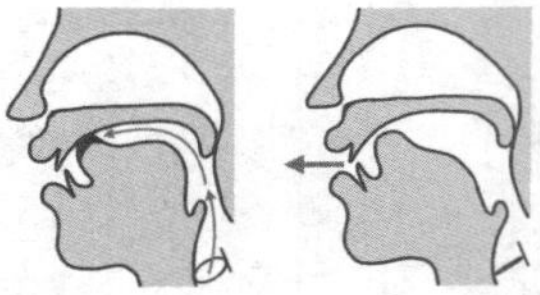

发音要领

舌尖先翘起，抵住硬腭前部，形成阻碍，口腔蓄气，然后一股较弱的气流把阻碍冲开一条缝，从缝隙中挤出。

示范发音

zhī 之	zhí 直	zhǐ 纸	zhì 至
zhā 渣	zhá 闸	zhǎ 眨	zhà 诈
zhū 诸	zhú 逐	zhǔ 主	zhù 祝

25. ch 舌尖后、送气、清、塞擦音

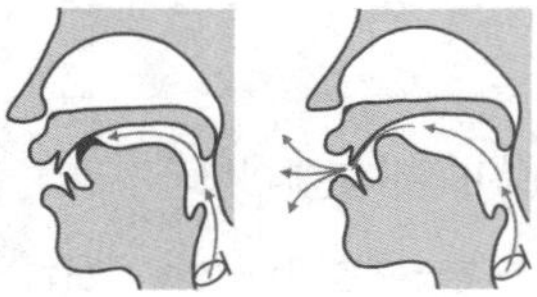

发音要领

发音状况与发 zh 时大致相同，区别在于发音时会有一股较强的气流从舌尖与硬腭前部的缝隙中挤出。

示范发音

chī 吃	chí 迟	chǐ 尺	chì 翅
chū 出	chú 除	chǔ 储	chù 触
chōu 抽	chóu 愁	chǒu 丑	chòu 臭

26. sh 舌尖后、清、擦音

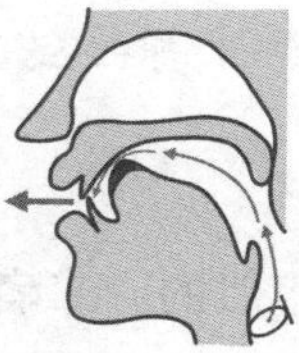

发音要领

舌尖先翘起，贴近硬腭前部，形成一条窄缝，气流从窄缝中挤出。

示范发音

shī 失	shí 十	shǐ 始	shì 事
shē 奢	shé 舌	shě 舍	shè 社
shāo 烧	sháo 勺	shǎo 少	shào 哨

27. r 舌尖后、浊、擦音

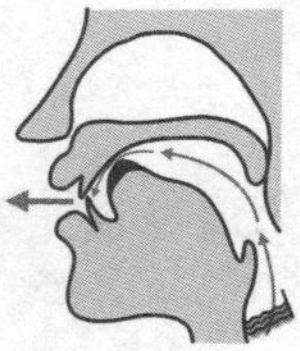

发音要领

发音状况与发 sh 时大致相同，区别在于发音时声带振动，且从缝隙中挤出的气流较弱。

示范发音

rāng 嚷	ráng 瓤	rǎng 壤	ràng 让
	rú 如	rǔ 乳	rù 入
	ráo 饶	rǎo 扰	rào 绕

知识理解

1. 如何练习发 zh、ch、sh？

发 zh 时，先将舌尖抵住硬腭前部形成阻碍，然后深吸一口气，让气流把阻碍冲开一条缝隙，气流从缝隙中破擦通过。

ch 和 zh 的区别是 ch 送气，zh 不送气。找到发 zh 的感觉后，加入送气的状态就可以发出 ch 来。也可以按照 t—sh—t—sh—t—sh—ch 的顺序来练习发 ch。

发 sh 时，先将舌尖抵住硬腭前部，然后舌尖略微放松，离开硬腭，与硬腭前部形成一条细缝，然后让气流从细缝中摩擦而出。

发音时需要注意两点：一是 zh、ch、sh 都是清音，发音时声带不振动；二是舌尖的活动范围在硬腭前部，不必为了“翘舌”将舌尖往后卷到软腭。

在练习发这组音时，可以根据自己的实际情况来安排这三个音的练习顺序：可以按照 zh、ch、sh 的顺序来练习；也可以先练习发 sh，然后通过 sh 来练习发 zh 和 ch。

2. sh 和 r 在发音上有什么不同?

sh 和 r 的发音部位相同，发这两个音时，舌头的状态是相似的。二者的不同之处是：sh 是清音，发音时声带不振动；r 是浊音，发音时声带振动。练习时可以采用“手触法”来判断声带是否振动。

3. zhi、chi、shi、ri 的韵母是 i 吗?

不是。zhi、chi、shi、ri 的韵母是单韵母 -i（后）(参见课前课中的“普通话单元音舌位图”)。在普通话中，由于单韵母 -i（后）只出现在声母 zh、ch、sh、r 后，所以我们对 zhi、chi、shi、ri 进行整体认读即可。注意，在普通话中，声母 zh、ch、sh、r 不能与单韵母 i 拼合。

基础练习

单字训练

录音“码”上听

一、按要求朗读下列汉字，注意 zh、ch、sh、r 的发音。

1. 听示范录音并跟读。

zhāng 张	zhé 哲	zhǎn 展	zhào 照
chā 插	cháo 潮	chǐ 尺	chàng 唱
shān 山	shé 蛇	shǒu 手	shuì 睡
rēng 扔	rán 然	ruǎn 软	rè 热

2. 小组内听读互动：两人一组，互相听读。

zhēn 真	zhuó 卓	zhǔn 准	zhè 这
chūn 春	chí 持	chuǎn 喘	chè 彻

shuō 说	shéng 绳	shǎn 闪	shùn 顺
rāng 嚷	rén 人	rǎo 扰	rì 日

二、按要求朗读下列汉字，注意体会每组字之间的发音差别。

1. 听示范录音并跟读。

shā zhā 沙—渣	shí zhí 实—植	shǎn zhǎn 闪—展	shì zhì 适—质
shōu chōu 收—抽	shú chú 熟—厨	shǔ chǔ 属—处	shè chè 赦—撤
zhāi chāi 摘—拆	zhí chí 踯—踟	zhǔ chǔ 主—处	zhàng chàng 仗—倡
rén shén 人—神	rǔ shǔ 乳—属	rè shè 热—设	ruì shuì 锐—税

2. 小组内听读互动：两人一组，互相听读。

shēn zhēn 深—珍	shí zhí 实—执	shěn zhěn 审—诊	shèng zhèng 盛—正
shū chū 书—初	shí chí 食—池	shuǎng chuǎng 爽—闯	shù chù 树—矗
zhāo chāo 招—超	zhóu chóu 轴—愁	zhǔ chǔ 主—础	zhù chù 住—处
ràng shàng 让—上	róu shòu 柔—瘦	rì shì 日—世	rùn shùn 润—顺

词语训练

录音"码"上听

一、按要求朗读下列词语，注意 zh、ch、sh、r 的发音。

1. 听示范录音并跟读。

zhēnchéng 真诚	zhíjiē 直接	zhǎngwò 掌握	zhùhè 祝贺
zhīchí 支持	zhújiàn 逐渐	zhǔdòng 主动	zhàogù 照顾
chōuxiàng 抽象	chuántǒng 传统	chǐdù 尺度	chànggē 唱歌
chūxiàn 出现	cháoshī 潮湿	chǔfèn 处分	chuàngzào 创造
shānqū 山区	shénmì 神秘	shǎoshù 少数	shuìjiào 睡觉

shībài 失败	shíxiàn 实现	shǐzhōng 始终	shùnlì 顺利
ránhòu 然后	rǎnsè 染色	rè'ài 热爱	rènhé 任何
rénmín 人民	rǎodòng 扰动	rùxué 入学	ruòdiǎn 弱点

2. 小组内听读互动：两人一组，互相听读。

zhēnshí 真实	zhéxué 哲学	zhǎnkāi 展开	zhìshǎo 至少
zhūrú 诸如	zhuózhòng 着重	zhǔnbèi 准备	zhùmíng 著名
chūntiān 春天	chángqī 长期	chǔcún 储存	chìbǎng 翅膀
chāyì 差异	chíxù 持续	chǎnyè 产业	chèdǐ 彻底
shuōmíng 说明	shíhou 时候	shǔyú 属于	shèhuì 社会
shāohuǐ 烧毁	shúxi 熟悉	shǒudū 首都	shìqing 事情
rúguǒ 如果	rěnnài 忍耐	rènzhēn 认真	rènao 热闹
réngrán 仍然	rǒngcháng 冗长	rìyì 日益	ruògān 若干

二、按要求朗读下列词语，注意体会每组词语之间的发音差别。

1. 听示范录音并跟读。

shātǔ zhātǔ 沙土—渣土	shíwù zhíwù 实物—植物	shǎnxiàn zhǎnxiàn 闪现—展现	shìliàng zhìliàng 适量—质量
shōuqǔ chōuqǔ 收取—抽取	shúzhī chúshī 熟知—厨师	shǔyú chǔyú 属于—处于	shèmiǎn chèxiāo 赦免—撤销
zhāichú chāichú 摘除—拆除	zhízhú chíchú 踯躅—踟蹰	zhǔshì chǔshì 主事—处事	zhàngyì chàngyì 仗义—倡议
rénqíng shénqíng 人情—神情	fǔrǔ fùshǔ 腐乳—附属	rèlì shèlì 热力—设立	ruìlì shuìlì 锐利—税利

2. 小组内听读互动：两人一组，互相听读。

shēnzhòng zhēnzhòng 深重—珍重	shíxíng zhíxíng 实行—执行	shěnpàn zhěnduàn 审判—诊断	shèngdà zhèngdà 盛大—正大
shūjí chūjí 书籍—初级	shítáng chítáng 食堂—池塘	shuǎnglǎng chuǎngdàng 爽朗—闯荡	shùlì chùlì 树立—矗立

zhāobiāo chāobiāo 招标 — 超标	huàzhóu fāchóu 画轴 — 发愁	jīzhǔ jīchǔ 机主 — 基础	zhùsuǒ chùsuǒ 住所 — 处所
ràngwèi shàngwèi 让位 — 上位	róuruò shòuruò 柔弱 — 瘦弱	rìjì shìjì 日记 — 世纪	rùnhuá shùnhuá 润滑 — 顺滑

自我测评

录音"码"上听

一、听录音，在你听到的词语对应的选项上画圈，然后朗读这些词语。

1. A 植物　B 实物　C 失误　D 师傅　E 支付
2. A 设立　B 热力　C 这里　D 哲理　E 撤离
3. A 珍视　B 真实　C 任职　D 称职　E 甚至
4. A 仗义　B 倡议　C 商议　D 上衣　E 长椅
5. A 抽取　B 收取　C 周期　D 收集　E 筹集
6. A 书籍　B 初级　C 逐级　D 书记　E 出击

听辨自测：我做对了____道题。

需要注意的词语：

二、找出每组加点字的声母不同的一项，然后听示范录音并跟读。

(　　) 1. A 著作　B 出现　C 真正
(　　) 2. A 上升　B 让步　C 热情
(　　) 3. A 展览　B 除了　C 创设
(　　) 4. A 说法　B 手术　C 抽象
(　　) 5. A 至今　B 主持　C 如此
(　　) 6. A 仍旧　B 争取　C 任意
(　　) 7. A 生成　B 称号　C 超越
(　　) 8. A 商量　B 事实　C 日食

读辨自测：我做对了____道题。

需要注意的词语：

综合练习

作品朗读

录音“码”上听

朗读时，注意材料中 zh、ch、sh、r 的发音。

● 选段 1

夕阳落山不久，西方的天空，还燃烧着一片橘红色的晚霞。大海，也被这霞光染成了红色，而且比天空的景色更要壮观。因为它是活动的，每当一排排波浪涌起的时候，那映照在浪峰上的霞光，又红又亮，简直就像一片片霍霍燃烧着的火焰，闪烁着，消失了。而后面的一排，又闪烁着，滚动着，涌了过来。

（节选自《普通话水平测试实施纲要》普通话水平测试用朗读作品 12 号）

● 选段 2

更为重要的是，读书加惠于人们的不仅是知识的增广，而且还在于精神的感化与陶冶。人们从读书学做人，从那些往哲先贤以及当代才俊的著述中学得他们的人格。人们从《论语》中学得智慧的思考，从《史记》中学得严肃的历史精神，从《正气歌》中学得人格的刚烈，从马克思学得人世的激情，从鲁迅学得批判精神，从托尔斯泰学得道德的执着。歌德的诗句刻写着睿智的人生，拜伦的诗句呼唤着奋斗的热情。一个读书人，一个有机会拥有超乎个人生命体验的幸运人。

（节选自《普通话水平测试实施纲要》普通话水平测试用朗读作品 6 号）

话题表达

请根据下面的话题和提纲自由表达，时间不少于三分钟。

话题：我喜爱的职业及职业道德（普通话水平测试用话题 6 和 24）

提纲：1. 你理想的职业是什么？是不是你目前从事的工作？

2. 请用一个比喻来形容这个职业，并说说它有什么特点。

3. 从事这个职业需要遵循什么样的职业道德？有哪些具体表现？

4. 这个职业的楷模是谁？是什么样的？

自评与收获

本课自评

是否完成本课所有练习	□ 全部完成	□ 完成大部分	□ 完成小部分
对学习成果是否满意	□ 非常满意	□ 满意	□ 不太满意

我的发音词典之 zh、ch、sh、r

重点、难点内容	字：
	词：
	句：
我觉得自己发音发得不错的内容	字：
	词：
	句：
我觉得自己还没有完全掌握的内容	字：
	词：
	句：

第11课 z、c、s、zh、ch、sh

学习目标

通过本课的学习，巩固 z、c、s 和 zh、ch、sh 的发音要领，准确而且熟练地读出含有 z、c、s、zh、ch、sh 的字词，正确听辨含有 z、c、s、zh、ch、sh 的字词。

课前思考

试着朗读下面的句子。和同学交流：哪些字中包含 z、c、s、zh、ch、sh？你读得怎么样?

1. 由我看到的那点儿春光，已经可以断定，杭州的春天必定会教人整天生活在诗与图画之中。
2. 诞生于上个世纪三十年代的塑料袋，其家族包括用塑料制成的快餐饭盒、包装纸、餐用杯盘、饮料瓶、酸奶杯、雪糕杯等等。

知识解析

概念回忆

1. 请参考课前课中的“普通话声母发音部位分布示意图”，找一找 z、c、s 和 zh、ch、sh 的发音部位分别在哪儿。
2. 请在课前课中找到“舌尖前音”和“舌尖后音”的概念，读一读，并试着说一说这两种音在发音时有什么区别。

知识学习

本课我们将辨析普通话中 z–zh、c–ch 和 s–sh 的发音。通过第 9 课和第 10 课的学习，我们知道：z、c、s 是平舌音，zh、ch、sh 是翘舌音；z–zh、c–ch 和 s–sh 这三组声母，每组的两个声母发音方法相同，发音部位不同，前者是舌尖前音，后者是舌尖后音（参见图 11-1）。

下面我们辨析一下 z-zh、c-ch 和 s-sh 这三组声母。

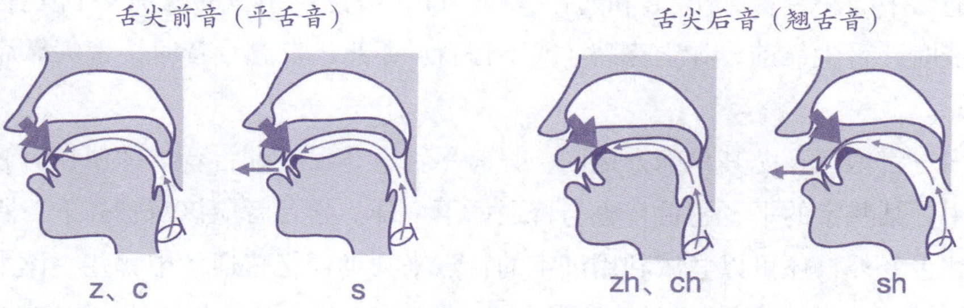

图 11-1　平舌音与翘舌音发音部位的对比

示范发音

第一组 z-zh

zāo zhāo 遭 — 招	záo zháo 凿 — 着	zǎo zhǎo 早 — 找	zào zhào 造 — 照
zī zhī 资 — 知		zǐ zhǐ 子 — 止	zì zhì 字 — 智
zōng zhōng 综 — 终		zǒng zhǒng 总 — 种	zòng zhòng 纵 — 众

第二组 c-ch

cī chī 疵 — 吃	cí chí 词 — 迟	cǐ chǐ 此 — 尺	cì chì 次 — 赤
cān chān 参 — 掺	cán chán 残 — 缠	cǎn chǎn 惨 — 产	càn chàn 灿 — 颤
cuān chuān 蹿 — 穿	cuán chuán 攒 — 传		cuàn chuàn 窜 — 串

第三组 s-sh

sī shī 思 — 诗		sǐ shǐ 死 — 史	sì shì 四 — 是
sāng shāng 桑 — 伤		sǎng shǎng 嗓 — 赏	sàng shàng 丧 — 上
sū shū 苏 — 书	sú shú 俗 — 熟		sù shù 素 — 树

知识理解

如何区分平舌音和翘舌音?

普通话中的平舌音 z、c、s 和翘舌音 zh、ch、sh 这两组音的区别在于发音部位不同：发平舌音时，舌尖靠前，在上齿背（或下齿背）那儿；发翘舌音时，舌尖靠后，在硬腭前部那儿。

很多方言地区，尤其是南方地区，只有平舌音，没有翘舌音。即便在有翘舌音的北方方言中，某些字的平、翘舌音也与普通话不一样。学习者应该双管齐下：除了练习发好平、翘舌音外，还可以尝试利用汉字的特点来帮助记忆普通话中哪些字读平舌音，哪些字读翘舌音——大部分汉字都是形声字，相同声旁的汉字往往读音相似或有一定联系，所以通过汉字的偏旁，可以类推一部分汉字的读音。例如：包含部件“中”的汉字，如“忠、钟、衷、种、肿、冲”等都念翘舌音；包含部件“则”的汉字，如“侧、厕、测、恻”等都念平舌音。当然，类推法只能作为学习上的一个补充，肯定会存在例外。

基础练习

单字训练

录音“码”上听

一、按要求朗读下列汉字，注意 z、c、s 和 zh、ch、sh 的发音。

1. 听示范录音并跟读。

zāo 遭	zé 责	zǔ 组	zèng 赠
zhāo 招	zhé 折	zhǔ 主	zhèng 正
cū 粗	céng 层	cǐ 此	cè 测
chū 出	chéng 成	chǐ 尺	chè 撤
sāi 塞	sú 俗	sǎng 嗓	sì 四
shāi 筛	shú 熟	shǎng 赏	shì 事

2. 小组内听读互动：两人一组，互相听读。

zī	zú	zǎo	zàn
姿	足	早	赞
zhī	zhú	zhǎo	zhàn
知	竹	沼	站
cāi	cí	cǎn	cù
猜	词	惨	促
chāi	chí	chǎn	chù
拆	迟	产	触
sāo	suí	sǎn	sè
骚	随	散	色
shāo	shuí	shǎn	shè
烧	谁	闪	设

二、按要求朗读下列汉字，注意体会每组字之间的发音差别。

1. 听示范录音并跟读。

zāo zhāo	zǔ zhǔ	zǐ zhí	zàn zhàn
遭 — 招	阻—主	子—侄	赞—站
zēng zhēng	zuó zhuō	zì zhǐ	zào zhào
增 — 争	琢—捉	字—指	造—照
cāng cháng	cán chǎn	cǎo chāo	cè chē
仓 — 长	蚕—阐	草—抄	测—车
cōng chōng	cā chá	cí chí	cù chū
葱 — 充	擦—查	辞—驰	促—出
sāi shāi	sī shì	suí shuì	sù shù
塞 — 筛	思—适	随—睡	素—数
sī shí	sōu shōu	sǔn shùn	sàn shàn
司 — 时	搜—收	损—瞬	散—擅

2. 小组内听读互动：两人一组，互相听读。

zī zhī	zōng zhōng	zǎo zhǎo	zàn zhàn
姿—知	宗 — 终	早 — 沼	暂 — 战
zī zhī	zuǒ zhuó	zǒng zhòng	zì zhī
滋—支	左 — 着	总 — 种	自 — 知
cāo chāo	céng chéng	cóng chóng	cuò chuō
操—超	曾 — 澄	从 — 重	挫 — 戳
cū chú	cūn chún	cí chí	cuì chuí
粗—厨	村 — 纯	词 — 迟	脆 — 垂
sān shān	sēn shēn	sú shǔ	sì shí
三—山	森 — 深	俗 — 署	四 — 实

sī shì	suō shuō	sǐ shí	suì shuǐ
丝—嗜	缩—说	死—石	隧—水

词语训练

录音“码”上听

一、按要求朗读下列词语，注意 z、c、s 和 zh、ch、sh 的发音。

1. 听示范录音并跟读。

zōngsè	zácǎo	zǔsè	zìzài
棕色	杂草	阻塞	自在
zhīchū	zhízhū	zhǐshì	zhèngcháng
支出	植株	只是	正常
zēngzhǎng	zázhì	zǔzhī	zuìzhōng
增长	杂质	组织	最终
zhāzǐ	zhízé	zhǒngzú	zhìzào
渣滓	职责	种族	制造
cāicè	cáozá	cǎocóng	cèsuǒ
猜测	嘈杂	草丛	厕所
chūshēng	chángzhēng	chǎnzhí	chèzhí
出生	长征	产值	撤职
cānzhào	cáichǎn	cǎochuàng	cèzhòng
参照	财产	草创	侧重
chēngzàn	chénzuì	chǐcùn	chuàngzuò
称赞	沉醉	尺寸	创作
sīzì	suícóng	sǎngzi	sùsòng
私自	随从	嗓子	诉讼
shūchū	shíshī	shǒuzhǐ	shìchǎng
输出	实施	手指	市场
sīcháo	suíshí	suǒzài	sìzhōu
思潮	随时	所在	四周
shēngcún	shénsè	shǎngcì	shàngcéng
生存	神色	赏赐	上层

2. 小组内听读互动：两人一组，互相听读。

zūncóng	zúsè	zǐsūn	zèngsòng
遵从	足色	子孙	赠送
zhōngshū	zhízhì	zhǔzhāng	zhùshì
中枢	直至	主张	注视
zūnzhòng	zéchéng	zǒngzhī	zìshēn
尊重	责成	总之	自身

zhuāngzài	zhúsǔn	zhǔcì	zhèngcè
装载	竹笋	主次	政策
cuīcán	céngcì	cǎisù	cèsuàn
摧残	层次	彩塑	测算
chēzhàn	chéngshì	chǎnchú	chùshǒu
车站	城市	铲除	触手
cuōshāng	cóngshì	cǎnzhòng	cuòshī
磋商	从事	惨重	措施
chōngzú	chéngcái	chuǎicè	chìzì
充足	成才	揣测	赤字
sōngsǎn	suísú	suǒsuì	sùcái
松散	随俗	琐碎	素材
shēngzhǎng	shúshuì	shǎnshuò	shèzhì
生长	熟睡	闪烁	设置
suīshuō	súchēng	sǎnshè	sùshè
虽说	俗称	散射	宿舍
shūcài	shízài	shǒuzé	shùzì
蔬菜	实在	守则	数字

二、按要求朗读下列词语，注意体会每组词语之间的发音差别。

1. 听示范录音并跟读。

zāoshòu zhāoshōu	zǔlì zhǔlì	zǐnǚ zhínǚ	zànzhù zhànzhù
遭受 — 招收	阻力 — 主力	子女 — 侄女	赞助 — 站住
zēngzhí zhēngzhí	zuómo zhuōmō	zìyīn zhǐyǐn	zàojiù zhàojiù
增值 — 争执	琢磨 — 捉摸	字音 — 指引	造就 — 照旧
cāngkù chángkù	cánshí chǎnshì	cǎoxié chāoxiě	cèliáng chēliàng
仓库 — 长裤	蚕食 — 阐释	草鞋 — 抄写	测量 — 车辆
cōngyù chōngyù	cāshì cháshí	cíchéng chíchěng	cùshǐ chūshǐ
葱郁 — 充裕	擦拭 — 查实	辞呈 — 驰骋	促使 — 出使
sāizi shāizi	sīliang shìliàng	suíyì shuìyì	sùzhì shùzhí
塞子 — 筛子	思量 — 适量	随意 — 睡意	素质 — 数值
sījī shíjī	sōusuǒ shōusuō	sǔnshī shùnshí	sànchǎng shàncháng
司机 — 时机	搜索 — 收缩	损失 — 瞬时	散场 — 擅长

2. 小组内听读互动：两人一组，互相听读。

zīshì zhīshi	zōngzhǐ zhōngzhǐ	zǎoqī zhǎoqì	zànshí zhànshì
姿势 — 知识	宗旨 — 终止	早期 — 沼气	暂时 — 战士
zībǔ zhībù	zuǒshǒu zhuóshǒu	zǒngzhī zhòngzhí	zìjué zhījué
滋补 — 支部	左手 — 着手	总之 — 种植	自觉 — 知觉
cāochǎng chāocháng	céngjīng chéngqīng	cóngxīn chóngxīn	cuòshāng chuōshāng
操场 — 超常	曾经 — 澄清	从新 — 重新	挫伤 — 戳伤

cūfàng chúfáng	cūnzhèn chúnzhēn	cíyì chíyí	cuìruò chuíluò
粗放 — 厨房	村镇 — 纯真	词义 — 迟疑	脆弱 — 垂落
sānjiǎo shānjiǎo	sēnlín shēnlín	súmíng shǔmíng	sìzhī shízhì
三角 — 山脚	森林 — 深林	俗名 — 署名	四肢 — 实质
sīháo shìhào	suōxiǎo shuōxiào	sǐbǎn shíbǎn	suìdào shuǐdào
丝毫 — 嗜好	缩小 — 说笑	死板 — 石板	隧道 — 水稻

自我测评

录音"码"上听

一、听录音，在你听到的词语对应的选项上画圈，然后朗读这些词语。

1. A 遭受	B 招收	C 操守	D 操场	E 超常
2. A 知识	B 姿势	C 四肢	D 实质	E 赤字
3. A 终止	B 宗旨	C 总之	D 种植	E 充实
4. A 蚕食	B 阐释	C 展示	D 膳食	E 暂时
5. A 增值	B 争执	C 正直	D 惩治	E 生殖
6. A 粗放	B 厨房	C 住房	D 租房	E 书房

听辨自测：我做对了____道题。

需要注意的词语：

二、找出每组加点字的声母不同的一项，然后听示范录音并跟读。

(　　) 1. A 赞成	B 战胜	C 展翅
(　　) 2. A 阐明	B 产生	C 参考
(　　) 3. A 实际	B 思想	C 时间
(　　) 4. A 程度	B 层面	C 成长
(　　) 5. A 制度	B 支援	C 自从
(　　) 6. A 俗语	B 诉说	C 术语

读辨自测：我做对了____道题。

需要注意的词语：

综合练习

作品朗读

录音“码”上听

朗读时，注意材料中 z、c、s 和 zh、ch、sh 的发音。

● 选段 1

春天，我将要住在杭州。二十年前，旧历的二月初，在西湖我看见了嫩柳与菜花，碧浪与翠竹。由我看到的那点儿春光，已经可以断定，杭州的春天必定会教人整天生活在诗与图画之中。所以，春天我的家应当是在杭州。

夏天，我想青城山应当算作最理想的地方。在那里，我虽然只住过十天，可是它的幽静已拴住了我的心灵。在我所看见过的山水中，只有这里没有使我失望。到处都是绿，目之所及，那片淡而光润的绿色都在轻轻地颤动，仿佛要流入空中与心中似的。这个绿色会像音乐，涤清了心中的万虑。

（节选自《普通话水平测试实施纲要》普通话水平测试用朗读作品 58 号）

● 选段 2

诞生于上个世纪三十年代的塑料袋，其家族包括用塑料制成的快餐饭盒、包装纸、餐用杯盘、饮料瓶、酸奶杯、雪糕杯等等。这些废弃物形成的垃圾，数量多、体积大、重量轻、不降解，给治理工作带来很多技术难题和社会问题。

比如，散落在田间、路边及草丛中的塑料餐盒，一旦被牲畜吞食，就会危及健康甚至导致死亡。填埋废弃塑料袋、塑料餐盒的土地，不能生长庄稼和树木，造成土地板结，而焚烧处理这些塑料垃圾，则会释放出多种化学有毒气体，其中一种称为二噁英的化合物，毒性极大。

（节选自《普通话水平测试实施纲要》普通话水平测试用朗读作品 60 号）

话题表达

请根据下面的话题和提纲自由表达，时间不少于三分钟。

话题：我喜爱的动物（或植物）(普通话水平测试用话题 4）

提纲：1. 点明你喜爱的动物或植物。

2. 它有什么样的特点？

3. 它对于你有什么特殊的意义？

4. 总结说明你喜爱它的原因。

自评与收获

本课自评

是否完成本课所有练习	□ 全部完成	□ 完成大部分	□ 完成小部分
对学习成果是否满意	□ 非常满意	□ 满意	□ 不太满意

我的发音词典之 z、c、s、zh、ch、sh

重点、难点内容	字：
	词：
	句：
我觉得自己发音发得不错的内容	字：
	词：
	句：
我觉得自己还没有完全掌握的内容	字：
	词：
	句：

第 12 课 l、r

学习目标

通过本课的学习，巩固 l、r 的发音要领，准确而且熟练地读出含有 l、r 的字词，正确听辨含有 l、r 的字词。

课前思考

试着朗读下面的句子。和同学交流：哪些字中包含 l、r？你读得怎么样？

1. 水具有很高的热容量，加之海洋浩大，任凭夏季烈日曝晒，冬季寒风扫荡，它的温度变化却比较小。
2. 人活着，最要紧的是寻觅到那片代表着生命绿色和人类希望的丛林，然后选一高高的枝头站在那里观览人生，消化痛苦，孕育歌声，愉悦世界！

知识解析

概念回忆

1. 请参考课前课中的“普通话声母发音部位分布示意图”，找一找 l 和 r 的发音部位在哪儿。
2. 请在课前课中找到“浊音”“边音”和“擦音”的概念，读一读，并说一说如何判断发的是“清音”还是“浊音”，“边音”和“擦音”在发音时有什么区别。

知识学习

本课我们将辨析普通话中 l 和 r 的发音。通过第 6 课和第 10 课的学习，我们知道，l 和 r 虽然都是浊音，发音时声带振动，但无论是发音部位还是发音方法，二者都有很大的差异：首先，l 的发音部位靠前，r 的发音部位靠后；其次，l 是边音，r 是擦音。从口形上看，发 l 时，口会有一个微微打开的动作；发 r 时，口形保持不变，上下齿靠近。我们在发音辨析时可以仔细体会。

下面我们辨析一下 l 和 r 的发音。

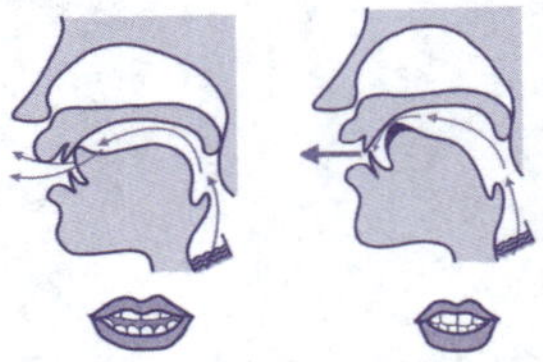

l　　r

示范发音

láo　ráo 劳 — 饶	lǎo　rǎo 老 — 扰	lào　rào 烙 — 绕
láng　ráng 郎 — 瓤	lǎng　rǎng 朗 — 壤	làng　ràng 浪 — 让
lú　rú 芦 — 如	lǔ　rǔ 鲁 — 汝	lù　rù 路 — 入

基础练习

单字训练

录音“码”上听

一、按要求朗读下列汉字，注意 l 和 r 的发音。

1. 听示范录音并跟读。

lán 拦	lóu 楼	lǎn 懒	làng 浪
rán 燃	róu 柔	rǎn 染	ràng 让
léng 棱	lǎo 老	lǔ 卤	lùn 论
réng 仍	rǎo 扰	rǔ 乳	rùn 润

2. 小组内听读互动：两人一组，互相听读。

láo 劳	lú 炉	luǎn 卵	lè 乐
ráo 饶	rú 如	ruǎn 软	rè 热
lóng 龙	lěi 蕾	luò 落	lù 路
róng 容	ruǐ 蕊	ruò 若	rù 入

二、按要求朗读下列汉字，注意体会每组字之间的发音差别。

1. 听示范录音并跟读。

lì rì 力—日	lì rì 历—日	lì rì 利—日	lì rì 例—日
lóu róu 楼—柔	lǎo ráo 老—饶	lěi ruǐ 蕾—蕊	lè rè 乐—热
luán ruǎn 峦—软	lǔ rǔ 卤—乳	làng ràng 浪—让	lù rù 路—入

2. 小组内听读互动：两人一组，互相听读。

lí rì 离—日	lì rì 历—日	lì rì 励—日	lì rì 立—日
lú rú 炉—如	lún rén 轮—人	lóng róng 龙—容	lèi ruì 类—锐
léng réng 棱—仍	lán rán 拦—燃	lù rù 路—褥	luò ruò 落—弱

词语训练

录音“码”上听

一、按要求朗读下列词语，注意 l 和 r 的发音。

1. 听示范录音并跟读。

lālì 拉力	láilín 来临	lǐlùn 理论	lìliàng 力量
liánluò 联络	liúlù 流露	lǐnglüè 领略	lìlǜ 利率
réngrán 仍然	rǎnrǎn 冉冉	rěnràng 忍让	rùnrì 闰日
róuruǎn 柔软	róuruò 柔弱	róurùn 柔润	róurèn 柔韧
liáorào 缭绕	lǚrèn 履任	lìrùn 利润	luòrì 落日
lǎorén 老人	lǎn rén 懒人	liànrén 恋人	lùrén 路人
ránliào 燃料	rǎnliào 染料	rǎoluàn 扰乱	ròulèi 肉类
rèliú 热流	rèliàng 热量	rèliè 热烈	rèlèi 热泪

2. 小组内听读互动：两人一组，互相听读。

lālǒng	láilì	lěngluò	lìlái
拉拢	来历	冷落	历来
láolèi	lúnliú	lǒngluò	lùlù
劳累	轮流	笼络	陆路
rāngrang	róngrǔ	rěnrǎn	rúrǎn
嚷嚷	荣辱	荏苒	濡染
rúruò	róngrěn	róngrù	rèróng
如若	容忍	融入	热容
liánróng	lěngrè	lìrú	lùróng
莲蓉	冷热	例如	鹿茸
lǚrén	lǎngrùn	lùrù	lìrèn
旅人	朗润	录入	历任
róngliàng	ruǎnlèi	rǔlào	rìlì
容量	软肋	乳酪	日历
rénlún	rén liǎn	rénlèi	rénlì
人伦	人脸	人类	人力

二、按要求朗读下列词语，注意体会每组词语之间的发音差别。

1. 听示范录音并跟读。

lìqi　rìqī	lìchéng　rìchéng	lìyì　rìyì	lìzi　rìzi
力气 — 日期	历程 — 日程	利益 — 日益	例子 — 日子
lóudào　róudào	lǎo shù　ráoshù	huālěi　huāruǐ	lèyuán　rèyuán
楼道 — 柔道	老树 — 饶恕	花蕾 — 花蕊	乐园 — 热源
shānluán　suānruǎn	lǔzhī　rǔzhī	bìlàng　bìràng	lùjìng　rùjìng
山峦 — 酸软	卤汁 — 乳汁	碧浪 — 避让	路径 — 入境

2. 小组内听读互动：两人一组，互相听读。

líqù　rìqū	lìsè　rìsè	lìzhì　rìzhì	lìjí　rìjì
离去 — 日趋	厉色 — 日色	励志 — 日志	立即 — 日记
lúzi　rúcǐ	lúncì　réncì	lóngyán　róngyán	jiān lèi　jiānruì
炉子 — 如此	轮次 — 人次	龙颜 — 容颜	兼类 — 尖锐
léngjìng　réngjiù	zǔlán　zǔrán	lùzi　rùzi	luòshí　ruòshì
棱镜 — 仍旧	阻拦 — 阻燃	路子 — 褥子	落实 — 弱势

自我测评

录音“码”上听

一、听录音，在你听到的词语对应的选项上画圈，然后朗读这些词语。

1. A 日期　B 力气　C 日益　D 利益　E 日历
2. A 如此　B 炉子　C 路子　D 褥子　E 孺子
3. A 柔道　B 楼道　C 绕道　D 老到　E 唠叨
4. A 旅人　B 履任　C 利润　D 历任　E 离任
5. A 扔进　B 棱镜　C 冷静　D 融进　E 龙井
6. A 乐意　B 热议　C 热力　D 热源　E 乐园

听辨自测：我做对了____道题。

需要注意的词语：

二、找出每组加点字的声母不同的一项，然后听示范录音并跟读。

(　　) 1. A **睿**智　B **类**似　C **任**务

(　　) 2. A **若**是　B **离**开　C **落**地

(　　) 3. A **论**述　B **笼**罩　C **容**纳

(　　) 4. A **热**带　B **立**刻　C **乐**观

(　　) 5. A **如**何　B **路**过　C **然**而

(　　) 6. A **理**想　B **燃**烧　C **荣**誉

读辨自测：我做对了____道题。

需要注意的词语：

综合练习

作品朗读

录音"码"上听

朗读时，注意材料中 l 和 r 的发音。

● 选段 1

水是一种良好的溶剂。海洋中含有许多生命所必需的无机盐，如氯化钠、氯化钾、碳酸盐、磷酸盐，还有溶解氧，原始生命可以毫不费力地从中吸取它所需要的元素。

水具有很高的热容量，加之海洋浩大，任凭夏季烈日曝晒，冬季寒风扫荡，它的温度变化却比较小。因此，巨大的海洋就像是天然的"温箱"，是孕育原始生命的温床。

阳光虽然为生命所必需，但是阳光中的紫外线却有扼杀原始生命的危险。水能有效地吸收紫外线，因而又为原始生命提供了天然的"屏障"。

（节选自《普通话水平测试实施纲要》普通话水平测试用朗读作品 13 号）

● 选段 2

人活着，最要紧的是寻觅到那片代表着生命绿色和人类希望的丛林，然后选一高高的枝头站在那里观览人生，消化痛苦，孕育歌声，愉悦世界！

这可真是一种潇洒的人生态度，这可真是一种心境爽朗的情感风貌。

站在历史的枝头微笑，可以减免许多烦恼。在那里，你可以从众生相所包含的甜酸苦辣、百味人生中寻找你自己；你境遇中的那点儿苦痛，也许相比之下，再也难以占据一席之地；你会较容易地获得从不悦中解脱灵魂的力量，使之不致变得灰色。

（节选自《普通话水平测试实施纲要》普通话水平测试用朗读作品 55 号）

话题表达

请根据下面的话题和提纲自由表达，时间不少于三分钟。

话题：我喜欢的节日及其风俗（普通话水平测试用话题 22 和 18）

提纲：1. 你知道哪些传统节日？

2. 具体介绍你认为最有意思或者你最喜欢的一个节日。

3. 这个节日有什么风俗？有哪些有意思的活动？

自评与收获

本课自评

是否完成本课所有练习	□ 全部完成	□ 完成大部分	□ 完成小部分
对学习成果是否满意	□ 非常满意	□ 满意	□ 不太满意

我的发音词典之 l、r

重点、难点内容	字：
	词：
	句：
我觉得自己发音发得不错的内容	字：
	词：
	句：
我觉得自己还没有完全掌握的内容	字：
	词：
	句：

语音课堂 3 轻声

在词或句子中，有些音节（字音）听起来声音又短又弱，失去了原有的声调，这就是轻声。读轻声时，要读得短一些、轻一些。写拼音时，轻声音节上不标调号。

普通话有些轻声可以区别词义或词性。例如：

买卖　mǎi-mài：动词短语。买和卖两种行为。
买卖　mǎimai：名词。生意。

东西　dōngxī：名词。东边和西边。
东西　dōngxi：名词。泛指各种事物。

地道　dìdào：名词。在地面以下挖的交通坑道。
地道　dìdao：形容词。真正的，纯粹的。

有些轻声是约定俗成的，很难找到规律。例如：

衣服 yīfu　窗户 chuānghu　玻璃 bōli　热闹 rènao

还有一些轻声从语法上看有很强的规律性：

1. 语气词读轻声。例如：

吧　吗　呢　啊

2. 助词读轻声。例如：

的　地　得　了　着　过

3. 名词后缀“子、头”和表示复数的“们”等读轻声。例如：

鼻子　孩子　骨头　木头　我们

4. 名词、代词后面表示方位的“上、下、里、边”等读轻声。例如：

桌上　底下　屋里　外边

5. 单音节动词重叠形式后面的音节读轻声，双音节动词重叠式 ABAB 的第二、四个音节常常读轻声。例如：

说说　看看　写写　试试　研究研究

6. 部分叠音词的第二个音节读轻声。例如：

妈妈　婆婆　姐姐　舅舅　猩猩

7. 动词、形容词后表示趋向的词读轻声。例如：

回来　出去　跑过来　跳进去　热起来

我们在练习时，要明确哪些词是必读轻声词。如果你不能确定某些词是否必读轻声，可以参考《普通话水平测试用必读轻声词语表》和《现代汉语词典》。

第 13 课 ai、ei、ao、ou

学习目标

通过本课的学习，掌握 ai、ei、ao、ou 的发音要领，准确而且熟练地读出含有 ai、ei、ao、ou 的字词，正确听辨含有 ai、ei、ao、ou 的字词。

课前思考

试着朗读下面的句子。和同学交流：哪些字中包含 ai、ei、ao、ou？你读得怎么样?

1. 别人在这儿找不到金子后便远远地离开，而我的“金子”是在这块土地里，只有诚实的人用勤劳才能采集到。
2. 莫高窟的彩塑，每一尊都是一件精美的艺术品。最大的有九层楼那么高，最小的还不如一个手掌大。这些彩塑个性鲜明，神态各异。

知识解析

概念回忆

1. 请在课前课中找到“复韵母”“韵腹”的概念，读一读，并试着说一说 ai、ei、ao、ou 的韵腹分别是什么。
2. 请在课前课中找到“央元音”的概念，读一读，并试着发一发央元音 [ə]。
3. 请参考课前课中的“普通话韵母表”，找一找 ai、ei、ao、ou 的韵腹元音的音标与单韵母 a、o、e 的音标有哪些地方不一样。

知识学习

本课我们将学习 ai、ei、ao、ou 这四个复韵母的发音。ai、ei、ao、ou 都是前响复韵母。所谓“前响”，就是前一个元音比后一个元音发得响。

下面我们具体学习一下 ai、ei、ao、ou 这四个复韵母。

28. ai

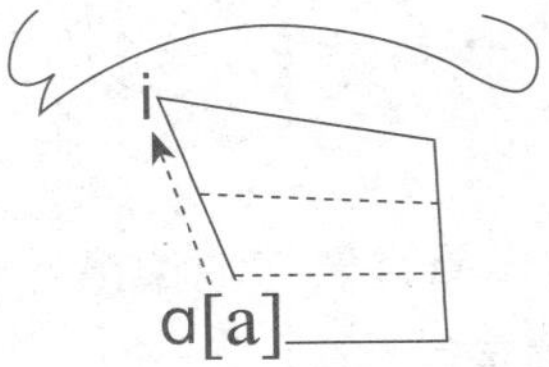

发音要领

从 a[a] 开始，逐渐抬高舌面，向发 i 的舌位靠近。

示范发音

āi	ái	ǎi	ài
哀	癌	矮	爱
bāi	bái	bǎi	bài
掰	白	柏	拜
hāi	hái	hǎi	hài
嗨	孩	海	害

29. ei

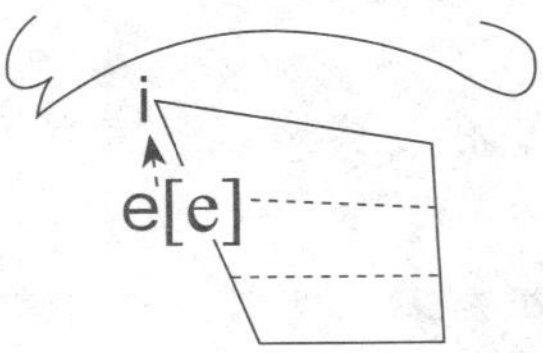

发音要领

从 e[e] 开始，逐渐抬高舌面，向发 i 的舌位靠近。

示范发音

fēi	féi	fěi	fèi
非	肥	诽	废
lēi	léi	lěi	lèi
勒	雷	垒	泪
bēi		běi	bèi
悲		北	备

30. ao

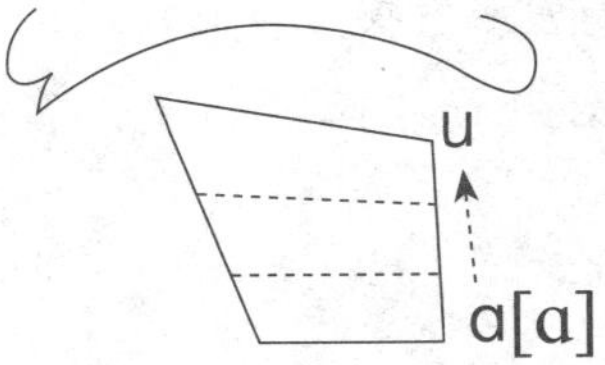

发音要领

从 a[ɑ] 开始，逐渐抬高舌面，向发 u 的舌位靠近，嘴唇逐渐拢圆。

示范发音

āo	áo	ǎo	ào
凹	熬	袄	奥
pāo	páo	pǎo	pào
抛	咆	跑	泡
tāo	táo	tǎo	tào
掏	逃	讨	套

31. ou

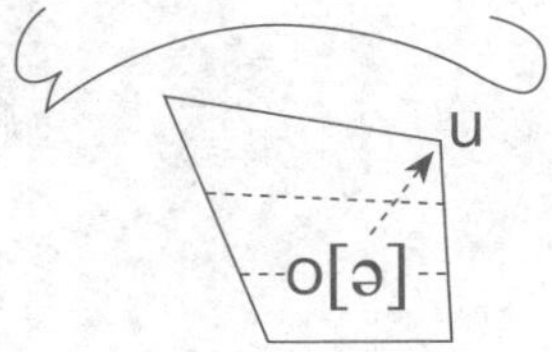

发音要领

从央元音 [ə] 开始，逐渐抬高舌面，向发 u 的舌位靠近，嘴唇逐渐拢圆。

示范发音

ōu	óu	ǒu	òu
欧	吺	偶	怄
hōu	hóu	hǒu	hòu
齁	猴	吼	后
zhōu	zhóu	zhǒu	zhòu
周	轴	肘	昼

知识理解

1. 练习发复韵母时要注意什么？

第一，在实际发音中，前响复韵母中后一个音只是表示舌位运动的方向，比如 ai 中的 i 只是表示舌位从前 a 向 i 滑动升高，在实际发音时，最后发不到单韵母 i 那么标准，发音结束时的舌位比 i 稍微低一点儿。

第二，需要特别强调的是，虽然复韵母中的各个元音与单韵母一样，都是用 a、o、e、i、u、ü 表示，但是，它们的实际发音常常与单韵母不一样，比如，ou 中 o 的实际发音是 [ə]，与单韵母 o[o] 不一样，所以练习时要多留意，不能凭主观臆断。

2. 为什么 ao 和 ou 中的 o 听起来不一样？

ao 和 ou 中的 o 确实不是一个音。ao 中的 o 原本是 u，即发 ao 时，舌位实际上是从 [ɑ] 向 u 的方向滑动升高。而 ou 中的 o 接近于央元音 [ə]，发音时，舌位从略带圆唇的央元音 [ə] 向 u 的方向滑动。

3. ei 中的 e 跟单韵母 e 的发音一样吗？

不一样。ei 中 e 的实际发音是前、半高元音 [e]，发音时舌头靠前，嘴张得较小。发单韵母 e[ɤ] 时舌头有微微后缩的动程。

基础练习

单字训练

录音“码”上听

一、按要求朗读下列汉字，注意 ai、ei、ao、ou 的发音。

1. 听示范录音并跟读。

dāi 呆	cái 财	kǎi 楷	dài 带
bēi 杯	méi 眉	gěi 给	mèi 妹
chāo 超	táo 淘	bǎo 宝	hào 号
gōu 沟	tóu 头	kǒu 口	tòu 透

2. 小组内听读互动：两人一组，互相听读。

zāi 栽	mái 埋	nǎi 奶	gài 概
fēi 飞	péi 陪	měi 美	fèi 沸
gāo 高	máo 毛	dǎo 岛	bào 爆
shōu 收	lóu 楼	zǒu 走	gòu 构

二、按要求朗读下列汉字，注意体会每组字之间的发音差别。

1. 听示范录音并跟读。

lái léi 来—雷	bǎi běi 摆—北	mài mèi 卖—魅	pài pèi 派—配
dāo dōu 刀—兜	cháo chóu 朝—筹	ǎo ǒu 袄—藕	gào gòu 告—构
āo āi 凹—哀	láo lái 劳—来	cǎo cǎi 草—采	dào dài 道—代
pōu pēi 剖—胚	móu méi 眸—眉	fǒu fěi 否—悱	zǒu zéi 走—贼

2. 小组内听读互动：两人一组，互相听读。

pái péi 排—赔	mǎi měi 买—每	nài nèi 耐—内	bài bèi 败—背

zhāo zhōu 朝—周	láo lóu 牢—楼	zǎo zǒu 早—走	tào tòu 套—透
zāo zāi 遭—灾	táo tái 陶—台	bǎo bǎi 饱—百	mào mài 冒—脉
lóu lèi 楼—擂	móu méi 谋—煤	mǒu měi 某—每	lòu lèi 陋—泪

词语训练

录音“码”上听

一、按要求朗读下列词语，注意 ai、ei、ao、ou 的发音。

1. 听示范录音并跟读。

āichóu 哀愁	háizi 孩子	kǎimó 楷模	àiguó 爱国
dāibǎn 呆板	báisè 白色	bǎiyóu 柏油	dàilǐng 带领
fēicháng 非常	léidá 雷达	lěijì 累计	fèidiǎn 沸点
bēi'āi 悲哀	péibàn 陪伴	měilì 美丽	lèishuǐ 泪水
pāoqì 抛弃	áoyè 熬夜	bǎobèi 宝贝	àomì 奥秘
chāoguò 超过	táotài 淘汰	pǎobù 跑步	tàoyòng 套用
zhōuwéi 周围	hóuzi 猴子	ǒurán 偶然	tòumíng 透明
shōugòu 收购	tóunǎo 头脑	zǒuxiàng 走向	hòulái 后来

2. 小组内听读互动：两人一组，互相听读。

zāipéi 栽培	cáifù 财富	ǎixiǎo 矮小	bàifǎng 拜访
shāixuǎn 筛选	máicáng 埋藏	nǎinai 奶奶	gàikuò 概括
bēizi 杯子	méimao 眉毛	fěicuì 翡翠	fèidiǎn 沸点
fēixíng 飞行	féiwò 肥沃	běiguó 北国	fèichú 废除
gāodī 高低	páoxiào 咆哮	bǎohù 保护	hàozhào 号召

zhāohu	máobìng	tǎolùn	bàofā
招呼	毛病	讨论	爆发
gōutōng	lóufáng	hǒujiào	gòuzào
沟通	楼房	吼叫	构造
tōutōu	zhóuxiàn	kǒuhào	zhòuyè
偷偷	轴线	口号	昼夜

二、按要求朗读下列词语，注意体会每组词语之间的发音差别。

1. 听示范录音并跟读。

láidiàn léidiàn	bǎifàng běifāng	màilì mèilì	pàiduì pèiduì
来电 — 雷电	摆放 — 北方	卖力—魅力	派对 — 配对
dāozi dōuzi	cháobài chóubèi	mián'ǎo lián'ǒu	gàosu gòuzhù
刀子 — 兜子	朝拜 — 筹备	棉袄—莲藕	告诉 — 构筑
āoxiàn āiyuàn	láoyì láiyì	cǎoxié cǎixié	dàolǐ dàilǐ
凹陷 — 哀怨	劳役 — 来意	草鞋—采撷	道理 — 代理
pōukāi pēitāi	yǎnmóu yǎnméi	fǒuzé fěicè	dàozǒu dàozéi
剖开 — 胚胎	眼眸 — 眼眉	否则—悱恻	盗走 — 盗贼

2. 小组内听读互动：两人一组，互相听读。

páichǎng péicháng	mǎijiā měi jiā	nàixīn nèixīn	bàijì bèijǐ
排场 — 赔偿	买家 — 每家	耐心 — 内心	败绩 — 背脊
zhāoqì zhōuqī	láofáng lóufáng	zǎodú zǒudú	tàolù tòulù
朝气 — 周期	牢房 — 楼房	早读 — 走读	套路 — 透露
zāoyāng zāihuāng	táocí táicí	bǎohé bǎihé	màochōng màichōng
遭殃 — 灾荒	陶瓷 — 台词	饱和 — 百合	冒充 — 脉冲
lóutái lèitái	móuqiú méiqiú	mǒu nián měi nián	jiǎnlòu yǎnlèi
楼台 — 擂台	谋求 — 煤球	某年 — 每年	简陋 — 眼泪

自我测评

录音"码"上听

一、听录音，在你听到的词语对应的选项上画圈，然后朗读这些词语。

1. A 来历	B 卖力	C 脉理	D 魅力	E 美丽
2. A 告诉	B 概述	C 盖住	D 构筑	E 钩住
3. A 包房	B 摆放	C 拜访	D 北方	E 背风
4. A 雷电	B 来电	C 漏电	D 老店	E 泪点
5. A 耐心	B 内心	C 闹心	D 呕心	E 热心
6. A 遭贼	B 早读	C 走读	D 在读	E 再度

听辨自测：我做对了____道题。

需要注意的词语：

二、找出每组加点字的韵母不同的一项，然后听示范录音并跟读。

（　　）1. A 构成	B 高度	C 勾勒
（　　）2. A 排队	B 概念	C 配套
（　　）3. A 暴露	B 冒险	C 哀伤
（　　）4. A 背景	B 内在	C 后期
（　　）5. A 财政	B 给以	C 煤炭
（　　）6. A 剖面	B 泪水	C 周转
（　　）7. A 走廊	B 遭受	C 后悔
（　　）8. A 收入	B 早晨	C 道路

读辨自测：我做对了____道题。

需要注意的词语：

综合练习

作品朗读

录音“码”上听

朗读时，注意材料中 ai、ei、ao、ou 的发音。

● 选段 1

“这里没找到金子，”彼得忽有所悟地说，“但这土地很肥沃，我可以用来种花，并且拿到镇上去卖给那些富人，他们一定会买些花装扮他们华丽的客厅。如果真是这样的话，那么我一定会赚许多钱，有朝一日我也会成为富人……”

于是他留了下来。彼得花了不少精力培育花苗，不久田地里长满了美丽娇艳的各色鲜花。

五年以后，彼得终于实现了他的梦想——成了一个富翁。“我是唯一的一个找到真金的人！”他时常不无骄傲地告诉别人，“别人在这儿找不到金子后便远远地离开，而我的‘金子’是在这块土地里，只有诚实的人用勤劳才能采集到。”

（节选自《普通话水平测试实施纲要》普通话水平测试用朗读作品20号）

● 选段2

莫高窟的彩塑，每一尊都是一件精美的艺术品。最大的有九层楼那么高，最小的还不如一个手掌大。这些彩塑个性鲜明，神态各异。有慈眉善目的菩萨，有威风凛凛的天王，还有强壮勇猛的力士……

莫高窟壁画的内容丰富多彩，有的是描绘古代劳动人民打猎、捕鱼、耕田、收割的情景，有的是描绘人们奏乐、舞蹈、演杂技的场面，还有的是描绘大自然的美丽风光。其中最引人注目的是飞天。壁画上的飞天，有的臂挎花篮，采摘鲜花；有的反弹琵琶，轻拨银弦；有的倒悬身子，自天而降；有的彩带飘拂，漫天遨游；有的舒展着双臂，翩翩起舞。看着这些精美动人的壁画，就像走进了灿烂辉煌的艺术殿堂。

（节选自《普通话水平测试实施纲要》普通话水平测试用朗读作品29号）

话题表达

请根据下面的话题和提纲自由表达，时间不少于三分钟。

话题：购物（消费）的感受（普通话水平测试用话题30）

提纲：1. 简要地列举几种常见的购物（消费）习惯，比如线上购物、线下购物，或“理性消费”“购物狂”。

2. 你的购物（消费）习惯是什么？你每周（每个月）大概花多长时间购物？你最喜欢购买什么样的产品？

3. 每次购物（消费）后，你的心情如何？有什么特别的感受？

4. 总结自己的消费习惯和购物感受。

自评与收获

本课自评

是否完成本课所有练习	□ 全部完成	□ 完成大部分	□ 完成小部分
对学习成果是否满意	□ 非常满意	□ 满意	□ 不太满意

我的发音词典之 ai、ei、ao、ou

重点、难点内容	字：
	词：
	句：
我觉得自己发音发得不错的内容	字：
	词：
	句：
我觉得自己还没有完全掌握的内容	字：
	词：
	句：

第 14 课 ia、ie、ua、uo、üe

学习目标

通过本课的学习，掌握 ia、ie、ua、uo、üe 的发音要领，准确而且熟练地读出含有 ia、ie、ua、uo、üe 的字词，正确听辨含有 ia、ie、ua、uo、üe 的字词。

课前思考

试着朗读下面的句子。和同学交流：哪些字中包含 ia、ie、ua、uo、üe？你读得怎么样?

1. 从前在家乡七八月的夜晚在庭院里纳凉的时候，我最爱看天上密密麻麻的繁星。
2. 有一天我放学回家，看到太阳快落山了，就下决心说："我要比太阳更快地回家。"

知识解析

概念回忆

1. 请参考课前课中的"普通话单元音舌位图"，找一找单韵母 ê 的舌位在哪儿。
2. 请参考课前课中的"普通话韵母表"，找一找 ia、ie、ua、uo、üe 的韵腹元音的音标与单韵母 a、o、e 的音标有哪些地方不一样。

知识学习

本课我们将学习 ia、ie、ua、uo、üe 这五个复韵母的发音。ia、ie、ua、uo、üe 都是后响复韵母。所谓"后响"，就是后一个元音比前一个元音发得响，前一个元音发得较短较轻。

下面我们具体学习一下 ia、ie、ua、uo、üe 这五个复韵母。

32. ia

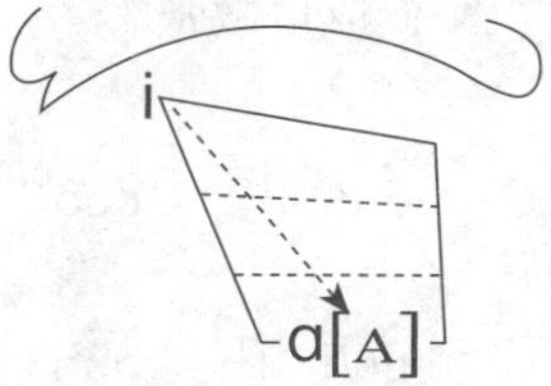

发音要领

先摆出发 i 的口形和舌位，然后舌面迅速下降到最低处，嘴逐渐张大，发出长而清晰的 a[A]。

示范发音

yā	yá	yǎ	yà
鸭	牙	哑	亚
jiā	jiá	jiǎ	jià
家	颊	甲	架
qiā	qiá	qiǎ	qià
掐	拤	卡	恰

33. ie

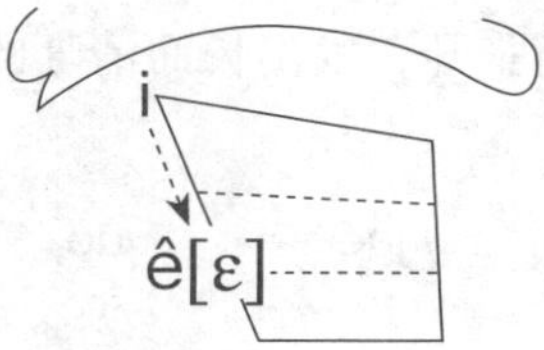

发音要领

先摆出发 i 的口形和舌位，然后舌面迅速下降到半低处，嘴逐渐张开，发出长而清晰的 ê[ε]。

示范发音

yē	yé	yě	yè
耶	爷	也	夜
jiē	jié	jiě	jiè
阶	竭	解	介
xiē	xié	xiě	xiè
歇	鞋	写	泄

34. ua

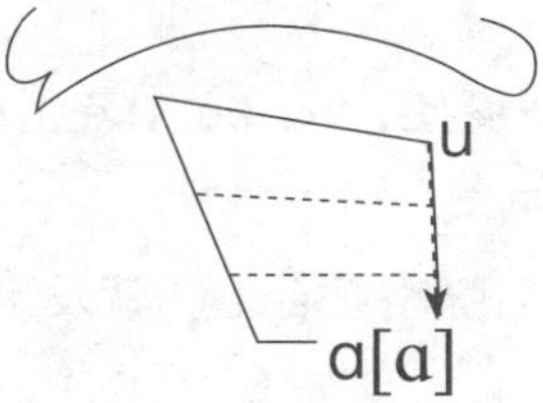

发音要领

先摆出发 u 的口形和舌位，然后舌面迅速下降到最低处，嘴逐渐张大，发出长而清晰的 a[ɑ]。

示范发音

wā	wá	wǎ	wà
挖	娃	瓦	袜
guā		guǎ	guà
瓜		寡	挂
huā	huá		huà
花	华		化

35. uo

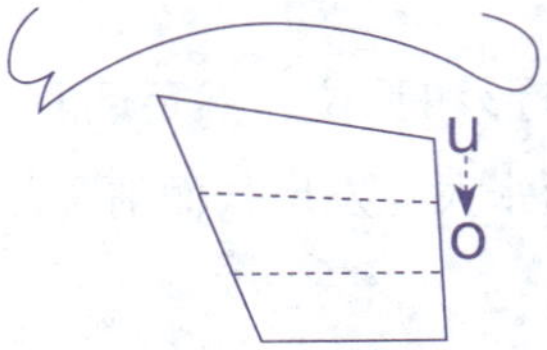

发音要领

先摆出发 u 的口形和舌位，然后舌面迅速下降到半高处，发出长而清晰的 o。嘴唇由拢得紧圆变成较圆，由开口很小变成口微张。

示范发音

duō	duó	duǒ	duò
多	夺	躲	堕
guō	guó	guǒ	guò
锅	国	果	过
huō	huó	huǒ	huò
豁	活	火	或

36. üe

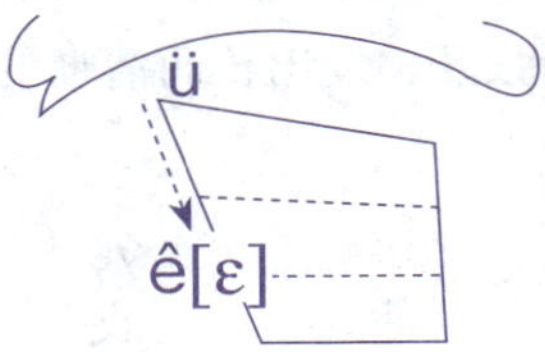

发音要领

先摆出发 ü 的口形和舌位，然后舌面迅速下降到半低处，嘴逐渐张开，发出长而清晰的 ê[ε]。

示范发音

juē	jué	juě	juè
撅	觉	蹶	倔
xuē	xué	xuě	xuè
靴	穴	雪	谑
quē	qué		què
缺	瘸		确

知识理解

1. ie、üe 中的 e 跟单韵母 e 的发音一样吗？

不一样。ie、üe 中的 e 实际上是单韵母 ê[ε]，为了书写简便，iê、üê 中 ê 上的“^”被省略了。

练习时，可以先发一个 ai，找到发 ai 中 a 的感觉，然后嘴略微合上，就发出 ê 了。

2. y 和 w 开头的拼音怎么读？

在本课中，我们遇到了 ya、ye、wa、wo、yue 等拼音，它们的声母并不是 y 和 w。

事实上，它们是零声母音节。《汉语拼音方案》规定，在零声母音节中，以 i、u、ü 开头的韵母拼写时需要做如下变化：

（1）以 i 打头的韵母，在零声母音节中，单韵母 i 和鼻韵母 in、ing 前加 y，写成 yi（衣）、yin（音）、ying（英），其他韵母将 i 换成 y，写成 ya（鸭）、ye（耶）、yao（腰）、you（优）、yan（烟）、yang（央）、yong（雍）。

（2）以 u 打头的韵母，在零声母音节中，单韵母 u 写成 wu（乌），其他韵母将 u 换成 w，写成 wa（蛙）、wo（窝）、wai（歪）、wei（威）、wan（弯）、wen（温）、wang（汪）、weng（翁）。

（3）以 ü 打头的韵母，在零声母音节中，直接在前面加 y，并省略 ü 上的两点，写成 yu（迂）、yue（约）、yuan（冤）、yun（晕）。

基础练习

单字训练

录音"码"上听

一、按要求朗读下列汉字，注意 ia、ie、ua、uo、üe 的发音。

1. 听示范录音并跟读。

yā 压	xiá 狭	jiǎ 假	qià 洽
jiē 揭	xié 协	tiě 铁	yè 业
kuā 夸	huá 哗	zhuǎ 爪	huà 画
wō 窝	huó 活	tuǒ 妥	kuò 阔
yuē 曰	jué 爵	xuě 雪	què 却

2. 小组内听读互动：两人一组，互相听读。

jiā 加	yá 芽	liǎ 俩	xià 下
jiē 街	jié 节	jiě 姐	yè 叶
shuā 刷	huá 华	kuǎ 垮	guà 挂

shuō	zhuó	guǒ	zuò
说	琢	裹	作
yuē	jué	xuě	lüè
约	绝	鳕	掠

二、按要求朗读下列汉字，注意体会每组字之间的发音差别。

1. 听示范录音并跟读。

yā yē	xiá xié	jiǎ jiě	jià jiè
鸭—椰	匣—鞋	假—解	价—借
zhuā zhuō	kuā kuò	huá huó	guà guò
抓—捉	夸—扩	华—活	挂—过
xiē xuē	jié jué	yè yuè	yè yuè
楔—靴	截—决	夜—月	业—乐

2. 小组内听读互动：两人一组，互相听读。

jiā jiē	jiā jié	qià qiě	jià jié
夹—阶	佳—杰	洽—且	架—结
guā guō	huá guó	guǎ guǒ	wā wò
瓜—锅	华—国	寡—果	洼—卧
qiē quē	jié jué	jié jué	qiè què
切—缺	捷—绝	劫—决	切—确

词语训练

录音“码”上听

一、按要求朗读下列词语，注意 ia、ie、ua、uo、üe 的发音。

1. 听示范录音并跟读。

yālì	yáchǐ	yǎba	yàmá
压力	牙齿	哑巴	亚麻
jiārù	xiá'ài	jiǎyú	qiàtán
加入	狭隘	甲鱼	洽谈
jiēshì	yéye	tiělù	yèwǎn
揭示	爷爷	铁路	夜晚
jiējí	jiélì	jiěshì	jièshào
阶级	竭力	解释	介绍
wājué	wáwa	wǎpiàn	wàzi
挖掘	娃娃	瓦片	袜子
huāfèi	huádòng	zhuǎzi	huàfēn
花费	滑动	爪子	划分

duōshǎo	duóqǔ	duǒbì	duòluò
多少	夺取	躲避	堕落
huōkǒu	huóyuè	huǒchē	huòzhě
豁口	活跃	火车	或者
xuēzi	xuéwèi	xuěhuā	yuèqǔ
靴子	穴位	雪花	乐曲
quēshǎo	juéde	juězi	xìxuè
缺少	觉得	蹶子	戏谑

2. 小组内听读互动：两人一组，互相听读。

jiātíng	fāyá	yǎzhì	jiàjiē
家庭	发芽	雅致	嫁接
yāzi	yáchóng	jiǎféi	xiàliè
鸭子	蚜虫	钾肥	下列
jiēdào	xiézuò	xiězuò	yèwù
街道	协作	写作	业务
jiēshòu	jiézòu	jiějie	yèzi
接受	节奏	姐姐	叶子
kuāzhāng	huárán	kuǎtái	kuàyuè
夸张	哗然	垮台	跨越
shuāxīn	Huáběi	wánshuǎ	huàxué
刷新	华北	玩耍	化学
shuōhuà	luójí	guǒshí	guòdù
说话	逻辑	果实	过渡
zhuōná	zuómo	wǒmen	zuòyè
捉拿	琢磨	我们	作业
yuēshù	juéxīn	xuěyú	yuèdú
约数	决心	鳕鱼	阅读
xuēruò	juéduì	xuèyè	yuèliang
削弱	绝对	血液	月亮

二、按要求朗读下列词语，注意体会每组词语之间的发音差别。

1. 听示范录音并跟读。

yāzi yēzi	xiázi xiézi	jiǎshuō jiěshuō	jiàqián jiè qián
鸭子 — 椰子	匣子 — 鞋子	假说 — 解说	价钱 — 借钱
zhuājǐn zhuōjǐn	kuādà kuòdà	huálì huólì	guàshī guòshī
抓紧 — 捉紧	夸大 — 扩大	华丽 — 活力	挂失 — 过失
xiēzi xuēzi	jiéduàn juéduàn	yèsè yuèsè	yèjì yuèqì
楔子 — 靴子	截断 — 决断	夜色 — 月色	业绩 — 乐器

2. 小组内听读互动：两人一组，互相听读。

jiācéng jiēcéng 夹层—阶层	jiāzuò jiézuò 佳作—杰作	shāngqià shàngqiě 商洽—尚且	jiàgòu jiégòu 架构—结构
guāzǐ guōzi 瓜子—锅子	Zhōnghuá Zhōngguó 中华—中国	guǎjiǔ guǒjiǔ 寡酒—果酒	wādì wòdǐ 洼地—卧底
qiēkǒu quēkǒu 切口—缺口	jiéjìng juéjìng 捷径—绝境	jiélüè juéliè 劫掠—决裂	qièshí quèshí 切实—确实

自我测评

录音“码”上听

一、听录音，在你听到的词语对应的选项上画圈，然后朗读这些词语。

1. A 鸭子　B 袜子　C 叶子　D 卧室　E 月食
2. A 假说　B 解说　C 佳作　D 杰作　E 矍铄
3. A 抓紧　B 捉紧　C 桌子　D 爪子　E 锅子
4. A 缺失　B 确实　C 切实　D 恰似　E 茄子
5. A 夹断　B 截断　C 阶段　D 决断　E 戒断
6. A 挂失　B 挂饰　C 过失　D 果实　E 国事

听辨自测：我做对了____道题。

需要注意的词语：

二、找出每组加点字的韵母不同的一项，然后听示范录音并跟读。

(　　) 1. A 画家　B 作家　C 华夏
(　　) 2. A 压迫　B 解放　C 谢谢
(　　) 3. A 学生　B 角色　C 夜里
(　　) 4. A 下降　B 结果　C 加热
(　　) 5. A 月球　B 接触　C 节约
(　　) 6. A 话语　B 过于　C 活泼

读辨自测：我做对了____道题。

需要注意的词语：

综合练习

作品朗读

录音“码”上听

朗读时，注意材料中 ia、ie、ua、uo、üe 的发音。

选段 1

我爱月夜，但我也爱星天。从前在家乡七八月的夜晚在庭院里纳凉的时候，我最爱看天上密密麻麻的繁星。望着星天，我就会忘记一切，仿佛回到了母亲的怀里似的。

三年前在南京我住的地方有一道后门，每晚我打开后门，便看见一个静寂的夜。下面是一片菜园，上面是星群密布的蓝天。星光在我们的肉眼里虽然微小，然而它使我们觉得光明无处不在。那时候我正在读一些天文学的书，也认得一些星星，好像它们就是我的朋友，它们常常在和我谈话一样。

（节选自《普通话水平测试实施纲要》普通话水平测试用朗读作品 8 号）

选段 2

时间过得那么飞快，使我的小心眼儿里不只是着急，还有悲伤。有一天我放学回家，看到太阳快落山了，就下决心说：“我要比太阳更快地回家。”我狂奔回去，站在庭院前喘气的时候，看到太阳还露着半边脸，我高兴地跳跃起来，那一天我跑赢了太阳。以后我就时常做那样的游戏，有时和太阳赛跑，有时和西北风比快，有时一个暑假才能做完的作业，我十天就做完了；那时我三年级，常常把哥哥五年级的作业拿来做。每一次比赛胜过时间，我就快乐得不知道怎么形容。

如果将来我有什么要教给我的孩子，我会告诉他：假若你一直和时间比赛，你就可以成功！

（节选自《普通话水平测试实施纲要》普通话水平测试用朗读作品 14 号）

话题表达

请根据下面的话题和提纲自由表达，时间不少于三分钟。

话题：学习普通话的体会（普通话水平测试用话题 13）

提纲：1. 简单说说为什么要学习普通话，以及学会普通话有什么好处。

2. 说说你是如何克服困难学会普通话的，有什么好的经验和学习体会。

3. 简要总结学会普通话给自己的工作和生活带来的发展和提高。

自评与收获

本课自评

是否完成本课所有练习	□ 全部完成	□ 完成大部分	□ 完成小部分
对学习成果是否满意	□ 非常满意	□ 满意	□ 不太满意

我的发音词典之 ia、ie、ua、uo、üe

重点、难点内容	字：
	词：
	句：
我觉得自己发音发得不错的内容	字：
	词：
	句：
我觉得自己还没有完全掌握的内容	字：
	词：
	句：

第 15 课 iao、iou、uai、uei、er

学习目标

通过本课的学习，掌握 iao、iou、uai、uei、er 的发音要领，准确而且熟练地读出含有 iao、iou、uai、uei、er 的字词，正确听辨含有 iao、iou、uai、uei、er 的字词。

课前思考

试着朗读下面的句子。和同学交流：哪些字中包含 iao、iou、uai、uei、er？你读得怎么样?

1. 我常常遗憾我家门前那块丑石，它黑黝黝地卧在那里，牛似的模样。
2. 爸完全不知道怎样表达爱。除非……会不会是他已经表达了，而我却未能察觉？

知识解析

概念回忆

1. 请参考课前课中的“普通话单元音舌位图”，找一找单韵母 er 的舌位在哪儿。
2. 请参考课前课中的“普通话韵母表”，找一找 iao、iou、uai、uei 的韵腹元音的音标与单韵母 ɑ、o、e 的音标有哪些地方不一样。

知识学习

本课我们将学习 iao、iou、uai、uei 这四个复韵母和单韵母 er 的发音。er 虽然是一个单韵母，但发音时舌头和口形会有细微变化。iao、iou、uai、uei 都是中响复韵母。所谓“中响”，就是中间那个元音比两端的元音发得响。

下面我们具体学习一下 iao、iou、uai、uei、er 这五个韵母。

37. iao

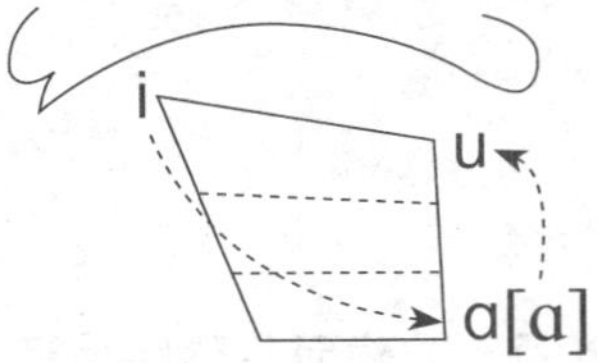

发音要领

先摆出发 i 的口形、舌位，然后嘴逐渐张大，舌位迅速后移并下降到最低处，发出较长且清晰的 ɑ[ɑ]，接着嘴逐渐缩小、拢圆，舌位向 u 滑去。

示范发音

yāo 邀	yáo 摇	yǎo 咬	yào 药
jiāo 交	jiáo 嚼	jiǎo 脚	jiào 叫
xiāo 消	xiáo 淆	xiǎo 小	xiào 笑

38. iou

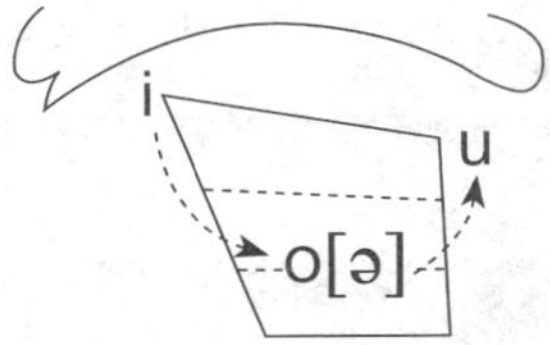

发音要领

先摆出发 i 的口形、舌位，然后嘴稍稍张大，舌位迅速后移并下降到口腔中央，发出较长且清晰的 o[ə]，接着嘴逐渐缩小、拢圆，舌位向 u 滑去。

示范发音

yōu 优	yóu 邮	yǒu 有	yòu 又
niū 妞	niú 牛	niǔ 扭	niù 拗
liū 溜	liú 流	liǔ 柳	liù 六

39. uai

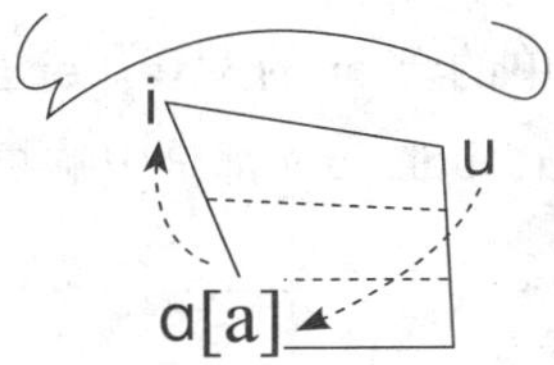

发音要领

先摆出发 u 的口形、舌位，然后嘴逐渐张大，舌位迅速前移并下降到最低处，发出较长且清晰的 ɑ[a]，接着舌位向 i 滑去。

示范发音

wāi 歪		wǎi 崴	wài 外

guāi		guǎi	guài
乖		拐	怪
shuāi		shuǎi	shuài
衰		甩	帅

40. uei

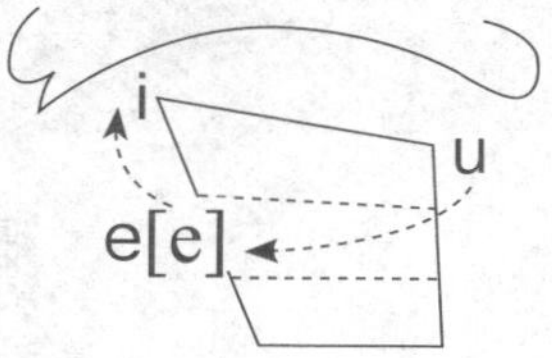

发音要领

先摆出发 u 的口形、舌位，然后嘴略微张开，舌位迅速前移并下降到半高处，发出较长且清晰的 e[e]，接着舌位向 i 滑去。

示范发音

wēi	wéi	wěi	wèi
危	围	伟	卫
tuī	tuí	tuǐ	tuì
推	颓	腿	退
suī	suí	suǐ	suì
虽	随	髓	岁

41. er

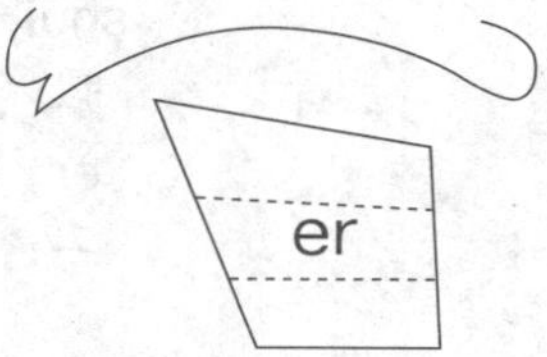

发音要领

舌头处于发央元音 [ə] 的放松状态，然后嘴稍张开，同时舌尖向硬腭处翘起。

示范发音

ér	ěr	èr
儿	耳	二

知识理解

1. 练习发 er 时要注意什么？

发 er 时，舌头要放松，呈自然状态，然后微微张开嘴，一边发音，舌尖一边向后卷。注意，舌尖不用过分后卷，到达硬腭前端的下方即可（不能接触到硬腭）。

另外，er 不与任何声母相拼，自成音节，与儿化韵的发音有所区别（详见“语音课堂 4：儿化”）。

2. iu 和 ui 应该怎么读?

iu 和 ui 分别是 iou 和 uei 的简写形式。《汉语拼音方案》规定，当 iou 和 uei 与声母相拼时，一律简写成 iu 和 ui。所以，当我们看见 iu 和 ui 时，只需要按照 iou 和 uei 的实际读音读即可。

另外，在标注调号时，iu 的调号标在 u 上，ui 的调号标在 i 上。

基础练习

单字训练

录音"码"上听

一、按要求朗读下列汉字，注意 iao、iou、uai、uei、er 的发音。

1. 听示范录音并跟读。

yāo 腰	tiáo 条	biǎo 表	miào 妙
yōu 幽	liú 留	xiǔ 宿	jiù 救
shuāi 摔	huái 怀	zhuǎi 跩	kuài 快
wēi 威	kuí 葵	huǐ 毁	shuì 睡
ér 儿	ěr 迩	ěr 耳	èr 二

2. 小组内听读互动：两人一组，互相听读。

tiāo 挑	liáo 辽	yǎo 窈	jiào 教
xiū 休	yóu 油	jiǔ 久	liù 六
guāi 乖	Huái 淮	chuǎi 揣	zhuài 拽
chuī 吹	wéi 维	ruǐ 蕊	huì 会
ér 而	ěr 尔	ěr 饵	èr 贰

二、按要求朗读下列汉字，注意体会每组字之间的发音差别。

1. 听示范录音并跟读。

yāo yōu	liáo liú	niǎo niǔ	liào liù
腰—幽	疗—馏	鸟—扭	料—溜
guāi guī	Huái huí	guǎi guǐ	wài wèi
乖—规	淮—回	拐—诡	外—未
yōu wēi	yóu wéi	yǒu wěi	yòu wèi
悠—微	尤—围	友—伟	佑—卫

2. 小组内听读互动：两人一组，互相听读。

yāo yōu	qiáo qiú	jiǎo jiǔ	xiào xiù
邀—优	桥—求	脚—灸	孝—袖
shuāi shuì	huái huí	shuǎi shuǐ	guài guì
摔—睡	怀—回	甩—水	怪—贵
diū duī	yóu wéi	yǒu wěi	yòu wèi
丢—堆	游—帷	友—尾	釉—位

词语训练

录音“码”上听

一、按要求朗读下列词语，注意 iao、iou、uai、uei、er 的发音。

1. 听示范录音并跟读。

yāoqǐng	miáozhǔn	jiǎobù	xiàoróng
邀请	瞄准	脚步	笑容
qiāoqiāo	tiáoyuē	biǎodá	diàoyú
悄悄	条约	表达	钓鱼
yōuměi	liúlǎn	jiǔcài	miùlùn
优美	浏览	韭菜	谬论
diūshī	niúnǎi	chūqiǔ	yōuxiù
丢失	牛奶	出糗	优秀
wāiqū	huáibào	guǎiwān	kuàilè
歪曲	怀抱	拐弯	快乐
shuāilǎo	Huái Hé	chuǎicè	zhuàizhù
衰老	淮河	揣测	拽住
wēixié	huíxiāng	cuǐcàn	ruìxuě
威胁	茴香	璀璨	瑞雪
zhuīsuí	suíbiàn	shuǐdào	guìyuán
追随	随便	水稻	桂圆
értóng	érzi	érqiě	ěrduo
儿童	儿子	而且	耳朵

2. 小组内听读互动：两人一组，互相听读。

piāobó 漂泊	liáokuò 辽阔	xiǎoshí 小时	měimiào 美妙
tiāoxuǎn 挑选	qiáoliáng 桥梁	niǎonuó 袅娜	jiàoyù 教育
yōujiǔ 悠久	dìqiú 地球	liǔshù 柳树	huāngmiù 荒谬
diūchǒu 丢丑	dòuniú 斗牛	xiǔmù 朽木	jiùjì 救济
shuāijiāo 摔跤	huáishù 槐树	guǎizhàng 拐杖	kuàizi 筷子
wāixié 歪斜	jiǎohuái 脚踝	chuǎimó 揣摩	lāzhuài 拉拽
tuīfān 推翻	wéichí 维持	huǐmiè 毁灭	cánkuì 惭愧
guīhuà 规划	chuízhí 垂直	zuǐba 嘴巴	zhuìluò 坠落
érnǚ 儿女	ěrhòu 尔后	ěrliào 饵料	èrhú 二胡

二、按要求朗读下列词语，注意体会每组词语之间的发音差别。

1. 听示范录音并跟读。

yāoshēn　yōushēn 腰身 — 幽深	zhěnliáo zhēngliú 诊疗 — 蒸馏	niǎo tóu　niǔtóu 鸟头 — 扭头	dàliào　dàliù 大料 — 大溜
guāizhāng guīzhāng 乖张 — 规章	Huái Hé　huíhé 淮河 — 回合	guǎipiàn guǐbiàn 拐骗 — 诡辩	wàilái　wèilái 外来 — 未来
yōuxián　wēixíng 悠闲 — 微型	yóuqí　wéiqí 尤其 — 围棋	yǒurén　wěirén 友人 — 伟人	bǎoyòu bǎowèi 保佑 — 保卫

2. 小组内听读互动：两人一组，互相听读。

yāoyuē　yōuyuè 邀约 — 优越	gǒngqiáo gōngqiú 拱桥 — 供求	zhēnjiǎo zhēnjiǔ 针脚 — 针灸	xiàozǐ　xiùzi 孝子 — 袖子
shuāijiāo shuìjiào 摔跤 — 睡觉	huáiyí　huíyì 怀疑 — 回忆	shuǎishǒu shuǐshǒu 甩手 — 水手	gǎoguài gāoguì 搞怪 — 高贵
diūqì　duīqì 丢弃—堆砌	yóumù　wéimù 游牧 — 帷幕	duìyǒu　duìwěi 队友 — 队尾	yòuzhì　wèizhì 釉质 — 位置

自我测评

录音"码"上听

一、听录音，在你听到的词语对应的选项上画圈，然后朗读这些词语。

1. A 要职　B 要旨　C 优质　D 油脂　E 幼稚
2. A 耀眼　B 谣言　C 摇曳　D 游戏　E 犹疑
3. A 快来　B 外来　C 未来　D 回来　E 归来
4. A 摔跤　B 睡觉　C 水饺　D 衰老　E 甩掉
5. A 油漆　B 尤其　C 为期　D 围棋　E 尾气
6. A 包邮　B 保佑　C 保有　D 包围　E 保卫

听辨自测：我做对了____道题。

需要注意的词语：

二、找出每组加点字的韵母不同的一项，然后听示范录音并跟读。

(　　) 1. A **维**护　B **外**部　C **水**分
(　　) 2. A **药**品　B **表**现　C **优**势
(　　) 3. A **幼**苗　B **位**置　C **堆**积
(　　) 4. A **有**利　B **教**材　C **条**件
(　　) 5. A **秋**天　B **规**范　C **修**改
(　　) 6. A **快**活　B **衰**弱　C **微**弱

读辨自测：我做对了____道题。

需要注意的词语：

综合练习

作品朗读

录音“码”上听

朗读时，注意材料中 iao、iou、uai、uei、er 的发音。

● 选段 1

我常常遗憾我家门前那块丑石：它黑黝黝地卧在那里，牛似的模样；谁也不知道是什么时候留在这里的，谁也不去理会它。只是麦收时节，门前摊了麦子，奶奶总是说：这块丑石，多占地面呀，抽空把它搬走吧。

它不像汉白玉那样的细腻，可以刻字雕花，也不像大青石那样的光滑，可以供来浣纱捶布。它静静地卧在那里，院边的槐荫没有庇覆它，花儿也不再在它身边生长。荒草便繁衍出来，枝蔓上下，慢慢地，它竟锈上了绿苔、黑斑。我们这些做孩子的，也讨厌起它来，曾合伙要搬走它，但力气又不足；虽时时咒骂它，嫌弃它，也无可奈何，只好任它留在那里了。

（节选自《普通话水平测试实施纲要》普通话水平测试用朗读作品 3 号）

● 选段 2

我记得妈有一次叫他教我骑自行车。我叫他别放手，但他却说是应该放手的时候了。我摔倒之后，妈跑过来扶我，爸却挥手要她走开。我当时生气极了，决心要给他点儿颜色看。于是我马上爬上自行车，而且自己骑给他看。他只是微笑。

我念大学时，所有的家信都是妈写的。他除了寄支票外，还寄过一封短柬给我，说因为我不在草坪上踢足球了，所以他的草坪长得很美。

每次我打电话回家，他似乎都想跟我说话，但结果总是说：“我叫你妈来接。”

我结婚时，掉眼泪的是我妈。他只是大声擤了一下鼻子，便走出房间。

我从小到大都听他说：“你到哪里去？什么时候回家？汽车有没有汽油？不，不准去。”爸完全不知道怎样表达爱。除非……

会不会是他已经表达了，而我却未能察觉？

（节选自《普通话水平测试实施纲要》普通话水平测试用朗读作品 10 号）

话题表达

请根据下面的话题和提纲自由表达，时间不少于三分钟。

话题：我的朋友（普通话水平测试用话题8）

提纲：1. 介绍你的一位朋友的基本情况以及你们相知相处的简要背景。

2. 说一两件在你和朋友间发生的具体事情，刻画朋友的个性特征等。

3. 简单小结，评价一下你和朋友之间的友谊或者升华一下你对友谊或者朋友的认识。

自评与收获

本课自评

是否完成本课所有练习	□ 全部完成	□ 完成大部分	□ 完成小部分
对学习成果是否满意	□ 非常满意	□ 满意	□ 不太满意

我的发音词典之 iao、iou、uai、uei、er

重点、难点内容	字：
	词：
	句：
我觉得自己发音发得不错的内容	字：
	词：
	句：
我觉得自己还没有完全掌握的内容	字：
	词：
	句：

第 16 课 an、ang、ian、iang

学习目标

通过本课的学习，掌握 an、ang、ian、iang 的发音要领，准确而且熟练地读出含有 an、ang、ian、iang 的字词，正确听辨含有 an、ang、ian、iang 的字词。

课前思考

试着朗读下面的句子。和同学交流：哪些字中包含 an、ang、ian、iang？你读得怎么样?

1. 干这行给了我多种多样的“甘泉”去品尝，找优秀的书籍去研读，到“象牙塔”和实际世界里去发现。
2. 好大的雪啊！山川、河流、树木、房屋，全都罩上了一层厚厚的雪，万里江山，变成了粉妆玉砌的世界。

知识解析

概念回忆

1. 请参考课前课中的“发音器官示意图”，找一找上齿龈、舌根和软腭在哪儿。
2. 请参考课前课中的“普通话声母发音部位分布示意图”，找一找声母 n 的发音部位在哪儿。
3. 请参考课前课中的“普通话韵母表”，找一找 an、ang、ian、iang 的韵腹元音 a 的音标与单韵母 a 的音标区别在哪儿。

知识学习

本课我们将学习 an、ang、ian、iang 这四个鼻韵母的发音。an、ian 是前鼻音，

ang、iang 是后鼻音，练习时要注意体会前鼻音和后鼻音的差别。

下面我们具体学习一下 an、ang、ian、iang 这四个鼻韵母。

42. an

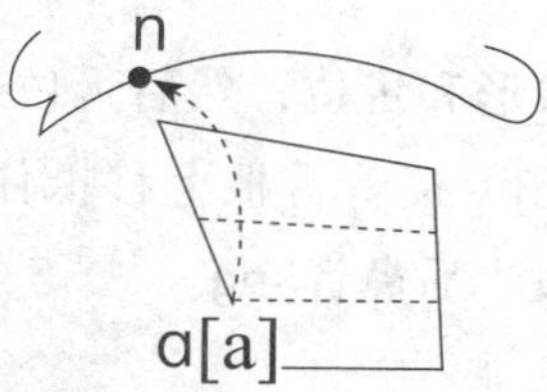

发音要领

先发 ɑ[a]，然后舌位迅速上升，舌尖抵住上齿龈，气流从鼻腔通过，发出前鼻音 -n。

示范发音

fān 帆	fán 烦	fǎn 返	fàn 饭
tān 摊	tán 坛	tǎn 毯	tàn 探
hān 憨	hán 寒	hǎn 喊	hàn 旱

43. ang

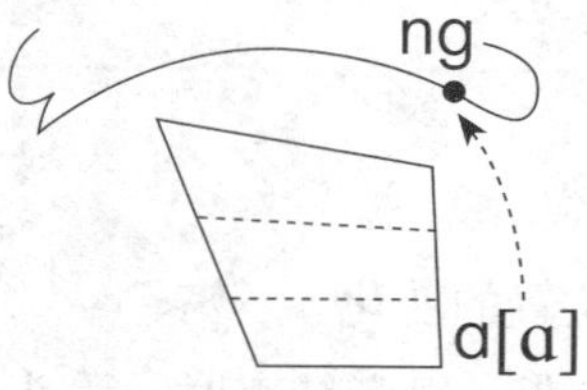

发音要领

先发 ɑ[ɑ]，然后舌位迅速上升，舌根抵住软腭，气流从鼻腔通过，发出后鼻音 -ng。

示范发音

fāng 方	fáng 房	fǎng 访	fàng 放
tāng 汤	táng 糖	tǎng 躺	tàng 趟
chāng 昌	cháng 常	chǎng 厂	chàng 唱

44. ian

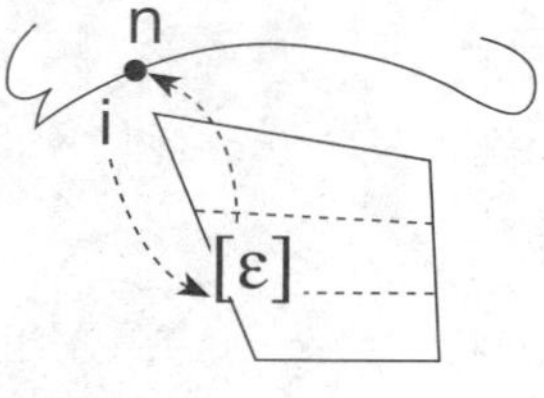

发音要领

先摆出发 i 的口形和舌位，然后舌位迅速降低，发出前半低元音 [ε]，接着舌尖上移抵住上齿龈，气流从鼻腔通过，发出前鼻音 -n。注意：i 只是表示发音的起始位置，要发得又轻又短。

示范发音

yān 烟	yán 严	yǎn 眼	yàn 验

qiān 迁	qián 钱	qiǎn 浅	qiàn 欠
xiān 鲜	xián 闲	xiǎn 险	xiàn 限

45. iang

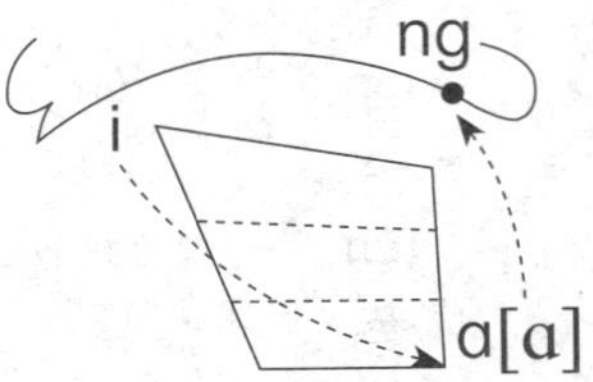

发音要领

先摆出发 i 的口形和舌位，然后舌位迅速降低、后移，发出 ɑ[ɑ]，接着舌根上移抵住软腭，气流从鼻腔通过，发出后鼻音 -ng。

示范发音

yāng 央	yáng 羊	yǎng 养	yàng 样
qiāng 枪	qiáng 强	qiǎng 抢	qiàng 呛
xiāng 乡	xiáng 详	xiǎng 响	xiàng 向

知识理解

如何发好前鼻音和后鼻音？

在发前鼻音和后鼻音时，最大的感受应该就是舌头位置的变化。

发前鼻音 -n 时，舌尖向前、向上抵住上齿龈或上齿背；发音结束时，舌头的位置就是发声母 n 时的位置。

发后鼻音 -ng 时，舌面后缩，能感觉到舌根抵住了软腭。

我们可以采用“低头 / 仰头法”来练习发前鼻音和后鼻音。

发前鼻音 -n 时，头略微向前低，舌头自然下垂；发音结束时，舌尖仍然抵住上齿龈或上齿背，在镜子里我们能看见自己的舌尖。

发后鼻音 -ng 时，头稍向后仰，舌头自然后缩；发音结束时，舌尖远离上、下齿背，在镜子里我们看不见自己的舌尖。

基础练习

单字训练

录音“码”上听

一、按要求朗读下列汉字，注意 an、ang、ian、iang 的发音。

1. 听示范录音并跟读。

ān 安	nán 男	gǎn 赶	bàn 办
gāng 刚	páng 旁	chǎng 场	làng 浪
biān 边	yán 延	miǎn 免	liàn 链
yāng 秧	niáng 娘	jiǎng 讲	liàng 亮

2. 小组内听读互动：两人一组，互相听读。

kān 勘	lán 蓝	sǎn 伞	àn 案
dāng 当	máng 忙	gǎng 岗	zhàng 障
jiān 尖	yán 研	diǎn 点	xiàn 线
jiāng 江	yáng 杨	qiǎng 抢	xiàng 像

二、按要求朗读下列汉字，注意体会每组字之间的发音差别。

1. 听示范录音并跟读。

dān dāng 担—当	pán páng 盘—磅	chǎn chǎng 产—场	zàn zàng 赞—葬
jiān jiāng 艰—江	qián qiáng 钳—强	yǎn yǎng 掩—养	xiàn xiàng 羡—项
bān biān 班—编	lán lián 拦—联	mǎn miǎn 满—缅	àn yàn 暗—谚
cāng yāng 苍—央	áng yáng 昂—洋	lǎng liǎng 朗—两	fàng xiàng 放—向

2. 小组内听读互动：两人一组，互相听读。

fān fāng	hán háng	zhǎn zhǎng	sàn sàng
翻—方	寒—行	崭—掌	散—丧
qiān qiāng	qián qiáng	jiǎn jiǎng	xiàn xiàng
牵—枪	钱—墙	简—讲	现—象
ān yān	nán nián	dǎn diǎn	dàn diàn
安—腌	南—年	胆—点	淡—电
shāng xiāng	láng yáng	tǎng yǎng	zhàng yàng
伤—相	狼—羊	躺—养	账—样

词语训练

录音"码"上听

一、按要求朗读下列词语，注意 an、ang、ian、iang 的发音。

1. 听示范录音并跟读。

ānpái	nánnǚ	gǎnkuài	bànlǐ
安排	男女	赶快	办理
tānfàn	pánzi	mǎnyì	dànshì
摊贩	盘子	满意	但是
fāng'àn	kánghuó	tǔrǎng	tàngshāng
方案	扛活	土壤	烫伤
dāngqián	chángguī	sǎngzi	nèizàng
当前	常规	嗓子	内脏
yānmò	piányi	miǎnfèi	niàndao
淹没	便宜	免费	念叨
xiānmíng	tiándì	qiǎnbái	biànhuà
鲜明	田地	浅白	变化
yāngmiáo	yángguāng	jiǎnglì	niàngzào
秧苗	阳光	奖励	酿造
xiāngcūn	liángkuai	xiǎngshēng	liàngqiàng
乡村	凉快	响声	踉跄

2. 小组内听读互动：两人一组，互相听读。

hānhòu	cánkuì	shǎnliàng	zànshí
憨厚	惭愧	闪亮	暂时
kāntàn	lántú	fǎnhuí	sànbù
勘探	蓝图	返回	散步
gāngcái	pángbiān	tǎngruò	làngfèi
刚才	旁边	倘若	浪费

shāngdiàn 商店	mánglù 忙碌	bǎngyàng 榜样	zhàng'ài 障碍
qiānyí 迁移	yáncháng 延长	diǎngù 典故	piànmiàn 片面
jiānruì 尖锐	liánxì 联系	xiǎnxiàn 显现	biànlì 便利
jiānglái 将来	qiángdà 强大	qiǎngjiù 抢救	jiàngdī 降低
xiāngjiāo 香蕉	hóngniáng 红娘	yǎngwàng 仰望	liàngguāng 亮光

二、按要求朗读下列词语，注意体会每组词语之间的发音差别。

1. 听示范录音并跟读。

dānxīn　dāngxīn　pánbō　pángbó　chǎndì　chǎngdì　zànsòng　zàngsòng
担心 — 当心　盘剥 — 磅礴　产地 — 场地　赞颂 — 葬送

jiānnán　Jiāngnán　qiánzhì　qiángzhì　yǎnhù　yǎnghù　xiànmù　xiàngmù
艰难 — 江南　钳制 — 强制　掩护 — 养护　羡慕 — 项目

bānjí　biānjí　lánjié　liánjié　mǎnhuái　miǎnhuái　ànyǔ　yànyǔ
班级 — 编辑　拦截 — 联结　满怀 — 缅怀　暗语 — 谚语

cāngqióng　yāngqiú　ángyáng　yángyáng　lǎngsòng　liǎng Sòng　fàngxīn　xiàng xīn
苍穹 — 央求　昂扬 — 洋洋　朗诵 — 两宋　放心 — 向心

2. 小组内听读互动：两人一组，互相听读。

fānyuè　fānglüè　hánjià　hángjia　zhǎnxīn　zhǎngxīn　sànshī　sàngshī
翻阅 — 方略　寒假 — 行家　崭新 — 掌心　散失 — 丧失

qiānzhì　qiāngzhī　qiánbì　qiángbì　jiǎnyì　jiǎngyì　xiànxiàng　xiàngxiàn
牵制 — 枪支　钱币 — 墙壁　简易 — 讲义　现象 — 象限

ānzhì　yānzhì　nánjí　niánjí　dǎnliàng　diǎnliàng　dànhuà　diànhuà
安置 — 腌制　南极 — 年级　胆量 — 点亮　淡化 — 电话

shāngshì　xiāngsì　yěláng　yěyáng　tǎngzhe　yǎngzhe　zhàngběn　yàngběn
伤势 — 相似　野狼 — 野羊　躺着 — 养着　账本 — 样本

自我测评

录音“码”上听

一、听录音，在你听到的词语对应的选项上画圈，然后朗读这些词语。

1. A 膳食　B 赏识　C 伤势　D 散失　E 丧失

2. A 崭新　B 掌心　C 担心　D 当心　E 党性

3. A 牵制　B 钳制　C 墙纸　D 强制　E 枪支

4. A 安置　B 案值　C 腌制　D 研制　E 胭脂

5. A 班机　B 班级　C 编辑　D 边际　E 遍及

6. A 商船　B 上传　C 相传　D 相似　E 上市

听辨自测：我做对了____道题。

需要注意的词语：

二、找出每组加点字的韵母不同的一项，然后听示范录音并跟读。

(　　) 1. A 氧化　B 讲话　C 严肃

(　　) 2. A 安慰　B 长城　C 方法

(　　) 3. A 简直　B 显著　C 南北

(　　) 4. A 商品　B 强调　C 常识

(　　) 5. A 向来　B 降落　C 场所

(　　) 6. A 办理　B 浪花　C 感觉

(　　) 7. A 演奏　B 探测　C 散步

(　　) 8. A 限度　B 象征　C 年龄

读辨自测：我做对了____道题。

需要注意的词语：

综合练习

作品朗读

录音"码"上听

朗读时，注意材料中 an、ang、ian、iang 的发音。

● 选段 1

干这行给了我多种多样的"甘泉"去品尝，找优秀的书籍去研读，到"象牙塔"和实际世界里去发现。教学工作给我提供了继续学习的时间保证，以及多种途径、机遇和挑战。

然而，我爱这一行的真正原因，是爱我的学生。学生们在我的眼前成长、变化。当教师意味着亲历“创造”过程的发生——恰似亲手赋予一团泥土以生命，没有什么比目睹它开始呼吸更激动人心的了。

（节选自《普通话水平测试实施纲要》普通话水平测试用朗读作品44号）

● 选段2

雪纷纷扬扬，下得很大。开始还伴着一阵儿小雨，不久就只见大片大片的雪花，从彤云密布的天空中飘落下来。地面上一会儿就白了。冬天的山村，到了夜里就万籁俱寂，只听得雪花簌簌地不断往下落，树木的枯枝被雪压断了，偶尔咯吱一声响。

大雪整整下了一夜。今天早晨，天放晴了，太阳出来了。推开门一看，嗬！好大的雪啊！山川、河流、树木、房屋，全都罩上了一层厚厚的雪，万里江山，变成了粉妆玉砌的世界。落光了叶子的柳树上挂满了毛茸茸亮晶晶的银条儿；而那些冬夏常青的松树和柏树上，则挂满了蓬松松沉甸甸的雪球儿。一阵风吹来，树枝轻轻地摇晃，美丽的银条儿和雪球儿簌簌地落下来，玉屑似的雪末儿随风飘扬，映着清晨的阳光，显出一道道五光十色的彩虹。

（节选自《普通话水平测试实施纲要》普通话水平测试用朗读作品5号）

话题表达

请根据下面的话题和提纲自由表达，时间不少于三分钟。

话题：谈谈卫生与健康（普通话水平测试用话题10）

提纲：1. 简要说明卫生包括个人卫生和公共卫生，两个方面都很重要。

2. 举例说明个人卫生、公共卫生对个体健康和群体健康的影响，以及个人卫生和健康对公共卫生和群体健康的影响。可以流感、新冠肺炎等高传染性疾病为例。

3. 简要总结，点明你想表达的主题。

自评与收获

本课自评

是否完成本课所有练习	□ 全部完成	□ 完成大部分	□ 完成小部分
对学习成果是否满意	□ 非常满意	□ 满意	□ 不太满意

我的发音词典之 an、ang、ian、iang

重点、难点内容	字：
	词：
	句：
我觉得自己发音发得不错的内容	字：
	词：
	句：
我觉得自己还没有完全掌握的内容	字：
	词：
	句：

语音课堂 4 儿化

普通话中有些词带有卷舌音，写成“词＋儿”的形式，不过这类词在实际发音中，“儿”并不读成 ér，而是跟前面的音节融合起来，使前面音节的韵母带上了卷舌色彩，这就是“儿化”。被儿化的韵母叫儿化韵母，也叫儿化韵；整个词就叫作儿化词，拼写时直接在词的拼音后加 r。例如：

盖 gài—盖儿 gàir　　　　画 huà—画儿 huàr

点 diǎn—点儿 diǎnr　　　　铃 líng—铃儿 língr

不过，并不是所有词尾的“儿”都需要儿化，比如在“女儿、婴儿、幼儿、少儿、幸运儿、孤儿”等词中，“儿”读 ér。

儿化韵有时有区别词义或词性的作用。例如：

眼（眼睛）—眼儿（小孔）　　　　信（信件）—信儿（消息）

活（动词）—活儿（名词）　　　　盖（动词）—盖儿（名词）

有时也能使词带上感情色彩。例如：

小孩儿　宝贝儿　（喜爱、亲切的感情色彩）

小偷儿　土老帽儿（看不起、嫌弃的感情色彩）

在普通话中，我们可以使用儿化来展现我们的语言风格或表达某种感情色彩，不过，当我们不需要上述表达功能时，就不必使用儿化。事实上，普通话中除极少数经常读成儿化的词语，如“聊天儿”“一会儿”“一点儿”等外，一般没有“必读儿化词”的提法。我们在练习时，也要避免儿化韵使用的扩大化。

练习儿化韵时，需要掌握儿化韵的读音规则：

1. 以 a、o、e、u 结尾的韵母，儿化时在原来的韵母上直接加卷舌动作。例如：

在哪儿　做活儿　模特儿　媳妇儿

2. 以 -i、-n 结尾的复韵母和鼻韵母，儿化时丢掉 -i 和 -n，在韵腹（-i 和 -n 前的那个元音）上加卷舌动作。例如：

小孩儿　一会儿　老伴儿　哥们儿

3. 以 -ng 结尾的鼻韵母，儿化时丢掉 -ng，韵腹（-ng 前的那个元音）鼻音化，同时卷舌。所谓鼻音化，就是说发这个音时鼻音加重，有点儿像感冒时发的音。例如：

赶趟儿　夹缝儿　火星儿　抽空儿

4. 单韵母 i、ü，儿化时在韵母后加 [ə]，同时卷舌。例如：

垫底儿　玩意儿　小曲儿　毛驴儿

5. 以 -i（前）结尾的音节（zi、ci、si）和以 -i（后）结尾的音节（zhi、chi、shi、ri），儿化时丢掉韵母 -i（前）或 -i（后），在声母后加 [ə]，同时卷舌。例如：

瓜子儿　挑刺儿　头发丝儿　墨汁儿　锯齿儿　记事儿

第 17 课 en、eng、in、ing

学习目标

通过本课的学习，掌握 en、eng、in、ing 的发音要领，准确而且熟练地读出含有 en、eng、in、ing 的字词，正确听辨含有 en、eng、in、ing 的字词。

课前思考

试着朗读下面的句子。和同学交流：哪些字中包含 en、eng、in、ing？你读得怎么样?

1. 一个人的一生，只能经历自己拥有的那一份欣悦，那一份苦难，也许再加上他亲自闻知的那一些关于自身以外的经历和经验。
2. 我一直沉醉于世界的优美之中，我所热爱的科学也不断增加它崭新的远景。我认定科学本身就具有伟大的美。

知识解析

概念回忆

1. 请试着说一说前鼻音和后鼻音在发音上有什么区别。
2. 请试着说一说应该怎么发央元音 [ə]。

知识学习

本课我们将学习 en、eng、in、ing 这四个鼻韵母的发音。练习时，最好在发好 en、eng 的基础上来练习 in、ing，因为 in 和 ing 中都有过渡性质的央元音 [ə]。不过，由于 in 中的央元音 [ə] 听起来又短又弱，在发音描写时并不写出来。

下面我们具体学习一下 en、eng、in、ing 这四个鼻韵母。

46. en

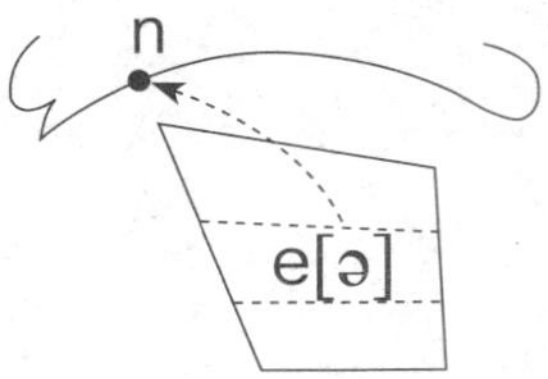

发音要领

先发央元音 [ə]，然后舌位迅速上升，舌尖抵住上齿龈，气流从鼻腔通过，发出前鼻音 -n。

示范发音

fēn	fén	fěn	fèn
分	焚	粉	愤
chēn	chén	chěn	chèn
抻	沉	碜	趁
shēn	shén	shěn	shèn
身	什	审	渗

47. eng

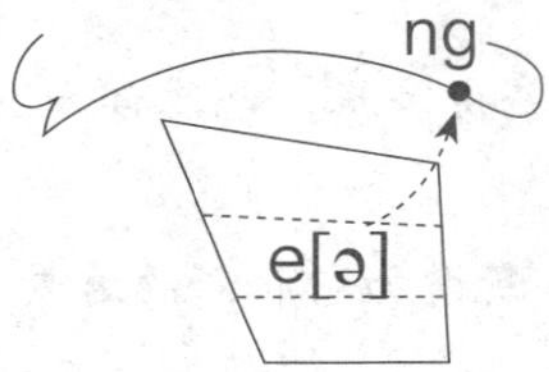

发音要领

先发央元音 [ə]，然后舌位迅速上升，舌根抵住软腭，气流从鼻腔通过，发出后鼻音 -ng。

示范发音

pēng	péng	pěng	pèng
烹	朋	捧	碰
fēng	féng	fěng	fèng
风	冯	讽	奉
shēng	shéng	shěng	shèng
生	绳	省	胜

48. in

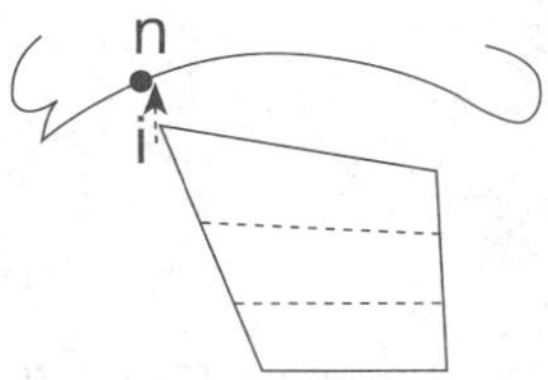

发音要领

先发 i，然后舌位迅速上升，舌尖抵住上齿龈，气流从鼻腔通过，发出前鼻音 -n。

示范发音

yīn	yín	yǐn	yìn
因	银	引	印
līn	lín	lǐn	lìn
拎	林	凛	吝
qīn	qín	qǐn	qìn
侵	勤	寝	沁

49. ing

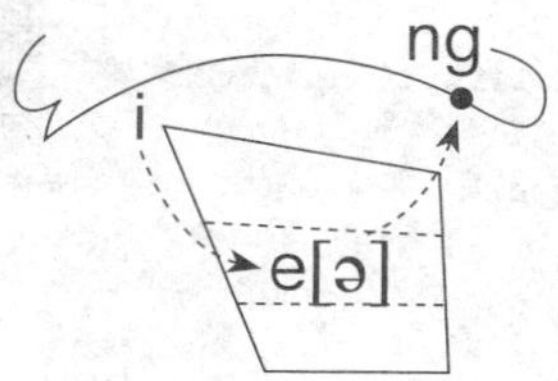

发音要领

先摆出发i的口形和舌位，然后舌位迅速降低、后移，过渡到央元音 [ə]，接着舌根上移抵住软腭，气流从鼻腔通过，发出后鼻音 -ng。

示范发音

yīng 英	yíng 营	yǐng 影	yìng 硬
qīng 青	qíng 情	qǐng 请	qìng 庆
xīng 星	xíng 行	xǐng 醒	xìng 姓

知识理解

1. en 和 eng 中的 e 跟单韵母 e 的发音一样吗?

不一样。en 和 eng 中 e 的实际发音是央元音 [ə]，单韵母 e 的实际发音是后半高元音 [ɤ]。发央元音 [ə] 时，能感觉到舌头处于自然状态，在口腔中央；发单韵母 e[ɤ] 时，我们能明显感觉到舌头后缩。

2. 怎样练习发 in 和 ing？

发 in 时要注意，发完 i 后，舌尖不要后缩，直接向上抵住上齿龈。练习时，可以试着连续发 yi—nɑ—yi—nɑ—yi—nɑ……，体会 -n 的舌位，最后便可发出 in。

发 ing 时要注意，i 只是表示发音的起始位置，发音时轻轻带过，然后自然过渡到央元音 [ə] 再到 -ng。发音时能感觉到舌位从前到后发生了较大的移动。

练习这组音时，可以采用“低头 / 仰头法”来感受这两个音的区别：发 in 时，头略微向前低，舌头自然下垂，发音结束时，舌尖仍然抵住上齿龈；发 ing 时，头稍向后仰，舌头自然后缩，发音结束时，舌尖远离上、下齿背。

基础练习

单字训练

录音"码"上听

一、按要求朗读下列汉字，注意 en、eng、in、ing 的发音。

1. 听示范录音并跟读。

ēn 恩	pén 盆	běn 本	hèn 恨
dēng 登	chéng 呈	zhěng 整	lèng 愣
yīn 音	lín 临	mǐn 敏	jìn 近
jīng 经	yíng 迎	tǐng 挺	dìng 定

2. 小组内听读互动：两人一组，互相听读。

gēn 根	rén 仁	zěn 怎	zhèn 振
fēng 封	péng 膨	měng 猛	zhèng 证
qīn 亲	pín 频	yǐn 饮	xìn 信
xīng 兴	yíng 赢	jǐng 警	mìng 命

二、按要求朗读下列汉字，注意体会每组字之间的发音差别。

1. 听示范录音并跟读。

shēn shēng 伸 — 声	chén chéng 陈 — 成	zhěn zhěng 诊 — 整	chèn chèng 衬 — 秤
yīn yīng 因 — 婴	yín yíng 银 — 迎	qǐn qǐng 寝 — 请	jìn jìng 浸 — 镜
bēng bīng 绷 — 冰	téng tíng 腾 — 停	děng dǐng 等 — 顶	bèng bìng 迸 — 并

2. 小组内听读互动：两人一组，互相听读。

shēn shēng 申 — 生	chén chéng 沉 — 乘	shěn shěng 审 — 省	hèn hèng 恨 — 横
yīn yīng 阴 — 应	lín líng 邻 — 伶	jǐn jīng 紧 — 精	xìn xìng 信 — 性

pēng pīng	méng míng	lěng lǐng	lèng lìng
抨 — 乒	萌 — 名	冷 — 领	愣 — 令

词语训练

录音"码"上听

一、按要求朗读下列词语，注意 en、eng、in、ing 的发音。

1. 听示范录音并跟读。

fēnxī	pénjǐng	kěndìng	nènhuá
分析	盆景	肯定	嫩滑
sēnlín	chénmò	shěnwèn	fánmèn
森林	沉默	审问	烦闷
pēngrèn	téngtòng	měngliè	gèngjiā
烹饪	疼痛	猛烈	更加
zēnghèn	nénggòu	děngdài	fèngxiàn
憎恨	能够	等待	奉献
yīnwèi	mínshēng	pǐnpíng	bìnzàng
因为	民生	品评	殡葬
xīnqíng	qínláo	lǐnliè	jìnzhǐ
心情	勤劳	凛冽	禁止
yīngxióng	píngjiè	jǐngsè	xìngmìng
英雄	凭借	景色	性命
qīngnián	tíngzhǐ	lǐngxiù	dìngzhèng
青年	停止	领袖	订正

2. 小组内听读互动：两人一组，互相听读。

ēnrén	shénme	zěnme	zhèndòng
恩人	什么	怎么	振动
gēnběn	réncì	běnlái	chènjī
根本	人次	本来	趁机
dēngjì	céngjīng	shěngfèn	hèngcái
登记	曾经	省份	横财
fēngjiàn	chéngxiàn	lěngdòng	zhèngmíng
封建	呈现	冷冻	证明
yīnyuè	línyè	qìmǐn	jìnxíng
音乐	林业	器皿	进行
bīnpéng	pínlǜ	qǐnshì	xìnxīn
宾朋	频率	寝室	信心
jīngyíng	yíngjiē	bǐngxìng	qìngxìng
经营	迎接	秉性	庆幸

dīnglíng	xíngzhèng	tǐngjìn	mìnglìng
丁零	行政	挺进	命令

二、按要求朗读下列词语，注意体会每组词语之间的发音差别。

1. 听示范录音并跟读。

shēnzhāng	shēngzhāng	chénjiù	chéngjiù	zhěnzhì	zhěngzhì	chèntuō	chèngtuó
伸张 —	声张	陈旧 —	成就	诊治 —	整治	衬托 —	秤砣
yīn'ér	yīng'ér	yínhé	yínghé	qǐnshì	qǐngshì	jìntòu	jìngtóu
因而 —	婴儿	银河 —	迎合	寝室 —	请示	浸透 —	镜头
bēngdài	bīngdài	téngfēi	tíng fēi	děngjí	dǐngjí	bèngfā	bìngfā
绷带 —	冰袋	腾飞 —	停飞	等级 —	顶级	迸发 —	并发

2. 小组内听读互动：两人一组，互相听读。

shēnmíng	shēngmíng	chénjī	chéngjī	shěnshì	shěngshì	hánhèn	mánhèng
申明 —	声明	沉积 —	乘机	审视 —	省事	含恨 —	蛮横
yīnyún	yīngyǔn	línlǐ	línglì	jǐnmì	jīngmì	xìnzhǐ	xìngzhì
阴云 —	应允	邻里 —	伶俐	紧密 —	精密	信纸 —	性质
pēngtán	pīngtán	méngshēng	míngshēng	lěngyù	lǐngyù	fālèng	fālìng
抨弹 —	乒坛	萌生 —	名声	冷遇 —	领域	发愣 —	发令

自我测评

录音“码”上听

一、听录音，在你听到的词语对应的选项上画圈，然后朗读这些词语。

1. A 诊治	B 真挚	C 整治	D 正直	E 政治
2. A 沉积	B 沉寂	C 趁机	D 乘机	E 成绩
3. A 阴极	B 印记	C 应急	D 应允	E 阴云
4. A 紧密	B 精密	C 静谧	D 伶俐	E 邻里
5. A 登机	B 登记	C 等级	D 顶级	E 定级
6. A 萌生	B 名声	C 名胜	D 民生	E 门诊

听辨自测：我做对了____道题。

需要注意的词语：

二、找出每组加点字的韵母不同的一项，然后听示范录音并跟读。

( ) 1. A 影子　　B 音节　　C 应该
( ) 2. A 振荡　　B 整齐　　C 生活
( ) 3. A 精神　　B 冷静　　C 停止
( ) 4. A 人生　　B 本质　　C 证实
( ) 5. A 信息　　B 紧急　　C 经济
( ) 6. A 能够　　B 性能　　C 横向

读辨自测：我做对了____道题。
需要注意的词语：

综合练习

作品朗读

录音"码"上听

朗读时，注意材料中 en、eng、in、ing 的发音。

● 选段 1

一个人的一生，只能经历自己拥有的那一份欣悦，那一份苦难，也许再加上他亲自闻知的那一些关于自身以外的经历和经验。然而，人们通过阅读，却能进入不同时空的诸多他人的世界。这样，具有阅读能力的人，无形间获得了超越有限生命的无限可能性。阅读不仅使他多识了草木虫鱼之名，而且可以上溯远古下及未来，饱览存在的与非存在的奇风异俗。

（节选自《普通话水平测试实施纲要》普通话水平测试用朗读作品 6 号）

● 选段 2

我永远追求安静的工作和简单的家庭生活。为了实现这个理想，我竭力保持宁静的环境，以免受人事的干扰和盛名的拖累。

我深信，在科学方面我们有对事业而不是对财富的兴趣。我的唯一奢望是在一个自由国家中，以一个自由学者的身份从事研究工作。

我一直沉醉于世界的优美之中，我所热爱的科学也不断增加它崭新的远景。我认定科学本身就具有伟大的美。

（节选自《普通话水平测试实施纲要》普通话水平测试用朗读作品 43 号）

话题表达

请根据下面的话题和提纲自由表达，时间不少于三分钟。

话题：谈谈对环境保护的认识（普通话水平测试用话题 28）

提纲：1. 举例说明目前全球严峻的环境问题。

2. 说一说保护环境的重要性。

3. 说一说可以采取哪些措施保护环境。

自评与收获

本课自评

是否完成本课所有练习	□ 全部完成	□ 完成大部分	□ 完成小部分
对学习成果是否满意	□ 非常满意	□ 满意	□ 不太满意

我的发音词典之 en、eng、in、ing

重点、难点内容	字：
	词：
	句：
我觉得自己发音发得不错的内容	字：
	词：
	句：
我觉得自己还没有完全掌握的内容	字：
	词：
	句：

第 18 课 uan、uang、uen、ueng

学习目标

通过本课的学习，掌握 uan、uang、uen、ueng 的发音要领，准确而且熟练地读出含有 uan、uang、uen、ueng 的字词，正确听辨含有 uan、uang、uen、ueng 的字词。

课前思考

试着朗读下面的句子。和同学交流：哪些字中包含 uan、uang、uen、ueng？你读得怎么样?

1. 纯朴的家乡村边有一条河，曲曲弯弯，河中架一弯石桥，弓样的小桥横跨两岸。
2. 请闭上眼睛想：一个老城，有山有水，全在天底下晒着阳光，暖和安适地睡着，只等春风来把它们唤醒，这是不是理想的境界？

知识解析

概念回忆

1. 请试着说一说 an 和 ang、en 和 eng 在发音上有什么区别，舌头有什么变化。
2. 请试着说一说在发 ian 和 iang 时前面的 i 应该怎么发。

知识学习

本课我们将学习 uan、uang、uen、ueng 这四个鼻韵母的发音。在发好 an、ang、en、eng 的基础上，再在这四个鼻韵母前加上韵头 u，就可以发出 uan、uang、uen、ueng。练习时要注意，u 要发得又轻又短，一带而过。

下面我们具体学习一下 uan、uang、uen、ueng 这四个鼻韵母。

50. uan

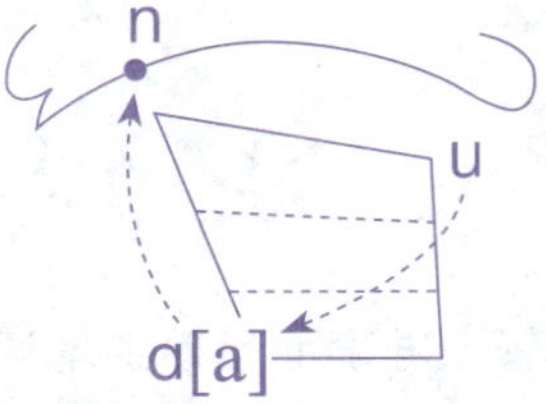

发音要领

在发好 an 的基础上，先摆出发 u 的口形和舌位，然后迅速发出 an。u 要发得又轻又短。

示范发音

wān	wán	wǎn	wàn
弯	完	碗	万
huān	huán	huǎn	huàn
獾	环	缓	患
chuān	chuán	chuǎn	chuàn
穿	船	喘	串

51. uang

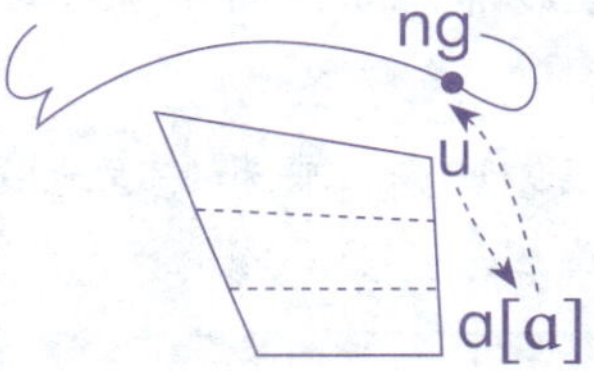

发音要领

在发好 ang 的基础上，先摆出发 u 的口形和舌位，然后迅速发出 ang。u 要发得又轻又短。

示范发音

wāng	wáng	wǎng	wàng
汪	王	往	忘
huāng	huáng	huǎng	huàng
慌	黄	谎	晃
chuāng	chuáng	chuǎng	chuàng
窗	床	闯	创

52. uen

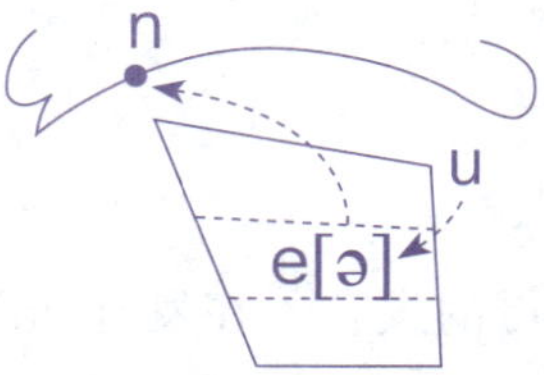

发音要领

在发好 en 的基础上，先摆出发 u 的口形和舌位，然后迅速发出 en。u 要发得又轻又短。

示范发音

wēn	wén	wěn	wèn
温	闻	稳	问
cūn	cún	cǔn	cùn
村	存	忖	寸
lūn	lún	lǔn	lùn
抡	仑	埨	论

53. ueng

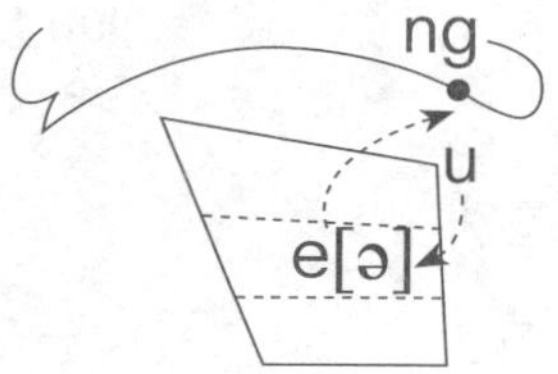

发音要领

在发好 eng 的基础上，先摆出发 u 的口形和舌位，然后迅速发出 eng。u 要发得又轻又短。

示范发音

wēng	wěng	wèng
翁	蓊	瓮

知识理解

un 该怎么读?

un 是 uen 的简写形式。《汉语拼音方案》规定，当 uen 与声母相拼时，一律简写成 un。

这里需要注意区分 un 与 ün。ün 自成音节时写成 yun，与 j、q、x 相拼时写成 jun、qun、xun。由于 uen 自成音节时写成 wen，且不与 j、q、x 相拼，所以只需分别记住与 uen 和 ün 相拼的声母，便可分清 un 是 uen 的简写还是去掉 ü 上两点的 ün。

基础练习

单字训练

录音"码"上听

一、按要求朗读下列汉字，注意 uan、uang、uen 的发音。

1. 听示范录音并跟读。

duān	wán	ruǎn	huàn
端	玩	软	换
zhuāng	huáng	guǎng	wàng
装	蝗	广	旺
wēn	lún	zhǔn	dùn
瘟	轮	准	顿

2. 小组内听读互动：两人一组，互相听读。

zhuān	chuán	nuǎn	guàn
专	传	暖	灌

chuāng	kuáng	shuǎng	zhuàng
疮	狂	爽	状
dūn	chún	gǔn	lùn
蹲	纯	滚	论

二、按要求朗读下列汉字，注意体会每组字之间的发音差别。

1. 听示范录音并跟读。

zhuān zhuāng	wán wáng	wǎn wǎng	zhuàn zhuàng
专 — 庄	完 — 王	晚 — 网	传 — 撞
ēn wēn	chén chún	zhěn zhǔn	hèn hùn
恩 — 温	尘 — 淳	枕 — 准	恨 — 混
gān guān	ān wán	kǎn kuǎn	dàn duàn
甘 — 关	安 — 完	侃 — 款	淡 — 断
gāng guāng	cháng chuáng	zhǎng zhuàng	àng wàng
钢 — 光	常 — 床	长 — 壮	盎 — 旺

2. 小组内听读互动：两人一组，互相听读。

guān guāng	huán huáng	wǎn wǎng	guàn guàng
关 — 光	还 — 黄	惋 — 往	罐 — 逛
fēn hūn	chén chún	zhěn zhǔn	rèn rùn
纷 — 昏	沉 — 纯	疹 — 准	韧 — 润
gān guān	tán tuán	chǎn chuán	zhàn zhuàn
干 — 关	谈 — 团	阐 — 传	战 — 转
kāng kuāng	háng huáng	shǎng shuǎng	kàng kuàng
康 — 匡	航 — 黄	上 — 爽	抗 — 矿

词语训练

录音"码"上听

一、按要求朗读下列词语，注意 uan、uang、uen 的发音。

1. 听示范录音并跟读。

wānqū	tuánjié	ruǎnruò	duàndìng
弯曲	团结	软弱	断定
guānguāng	chuándì	huǎnhé	zhuàn qián
观光	传递	缓和	赚钱
chuānghu	wángguó	guǎngchǎng	kuàngjià
窗户	王国	广场	框架
shuāngfāng	huánghūn	huǎngyán	qiángzhuàng
双方	黄昏	谎言	强壮

wēnnuǎn 温暖	lúnliú 轮流	sǔnhài 损害	shùnlì 顺利
cūnzhuāng 村庄	chúnjié 纯洁	gǔndòng 滚动	dùnshí 顿时

2. 小组内听读互动：两人一组，互相听读。

duānzhèng 端正	wánjù 玩具	chuǎnqì 喘气	suànshù 算术
zhuānmén 专门	huánjié 环节	nuǎnhuo 暖和	guàngài 灌溉
shuāngdòng 霜冻	kuánghuān 狂欢	shuǎngkuai 爽快	wàngshèng 旺盛
guāngliàng 光亮	huángchóng 蝗虫	chuǎnghuò 闯祸	zhuàngkuàng 状况
zūnjìng 尊敬	lúnchuán 轮船	shǔnxī 吮吸	hùndùn 混沌
kūnchóng 昆虫	chúncuì 纯粹	zhǔnquè 准确	rùnnián 闰年

二、按要求朗读下列词语，注意体会每组词语之间的发音差别。

1. 听示范录音并跟读。

zhuānjiā zhuāngjia 专家 — 庄稼	wángōng wánggōng 完工 — 王宫	wǎnshang wǎng shàng 晚上 — 网上
zhuànjì zhuàngjī 传记 — 撞击	ēnqíng wēnqíng 恩情 — 温情	chéntǔ chúnpǔ 尘土 — 淳朴
zhěntou zhǔntou 枕头 — 准头	hánhèn hánhùn 含恨 — 含混	gānxīn guānxīn 甘心 — 关心
ānquán wánquán 安全 — 完全	kǎnyé kuǎnyé 侃爷 — 款爷	dànrán duànrán 淡然 — 断然
gāngcái guāngcǎi 钢材 — 光彩	chángyán chuángyán 常言 — 床沿	zhǎngguān zhuàngguān 长官 — 壮观
àngsī wàngshì 盎司 — 旺市		

2. 小组内听读互动：两人一组，互相听读。

guānzhào guāngzhào 关照 — 光照	huánjī huángjīn 还击 — 黄金	wǎnxī wǎngxī 惋惜 — 往昔
yóuguàn yóuguàng 油罐 — 游逛	fēnluàn hūnluàn 纷乱 — 昏乱	chénjìng chúnjìng 沉静 — 纯净

pízhěn　pīzhǔn 皮疹 — 批准	róurèn　róurùn 柔韧 — 柔润	gānshè　guānshè 干涉 — 关涉
miàntán　miàntuán 面谈 — 面团	chǎnshù　chuánshū 阐述 — 传输	zhànyǒu　zhuànyou 战友 — 转悠
kāngfù　kuāngfù 康复 — 匡复	hánghǎi　Huáng Hǎi 航海 — 黄海	shǎngshēng　shuǎngshēng 上声 — 爽声
kàngjī　kuàngqū 抗击 — 矿区		

自我测评

录音"码"上听

一、听录音，在你听到的词语对应的选项上画圈，然后朗读这些词语。

1. A 专辑　B 转机　C 传记　D 撞击　E 装机
2. A 换季　B 还击　C 缓急　D 黄金　E 荒寂
3. A 春季　B 纯净　C 沉静　D 尘土　E 淳朴
4. A 恩情　B 温情　C 人情　D 深情　E 顺心
5. A 昂然　B 盎然　C 枉然　D 茫然　E 恍然
6. A 尝试　B 常识　C 长诗　D 创始　E 窗饰

听辨自测：我做对了____道题。

需要注意的词语：

二、找出每组加点字的韵母不同的一项，然后听示范录音并跟读。

(　　) 1. A 沉重　B 温度　C 深度
(　　) 2. A 状态　B 光辉　C 完整
(　　) 3. A 反正　B 关系　C 玩笑
(　　) 4. A 文件　B 纯洁　C 门口
(　　) 5. A 往来　B 创新　C 钢铁
(　　) 6. A 专业　B 矿物　C 广泛
(　　) 7. A 断定　B 转变　C 看法
(　　) 8. A 网络　B 庄严　C 航行

读辨自测：我做对了____道题。

需要注意的词语：

综合练习

作品朗读

录音“码”上听

朗读时，注意材料中 uan、uang、uen、ueng 的发音。

选段 1

纯朴的家乡村边有一条河，曲曲弯弯，河中架一弯石桥，弓样的小桥横跨两岸。

每天，不管是鸡鸣晓月，日丽中天，还是月华泻地，小桥都印下串串足迹，洒落串串汗珠。那是乡亲为了追求多棱的希望，兑现美好的遐想。弯弯小桥，不时荡过轻吟低唱，不时露出舒心的笑容。

因而，我稚小的心灵，曾将心声献给小桥：你是一弯银色的新月，给人间普照光辉；你是一把闪亮的镰刀，割刈着欢笑的花果；你是一根晃悠悠的扁担，挑起了彩色的明天！哦，小桥走进我的梦中。

（节选自《普通话水平测试实施纲要》普通话水平测试用朗读作品 18 号）

选段 2

设若单单是有阳光，那也算不了出奇。请闭上眼睛想：一个老城，有山有水，全在天底下晒着阳光，暖和安适地睡着，只等春风来把它们唤醒，这是不是理想的境界？小山整把济南围了个圈儿，只有北边缺着点儿口儿。这一圈小山在冬天特别可爱，好像是把济南放在一个小摇篮里，它们安静不动地低声地说：“你们放心吧，这儿准保暖和。”真的，济南的人们在冬天是面上含笑的。他们一看那些小山，心中便觉得有了着落，有了依靠。他们由天上看到山上，便不知不觉地想起：明天也许就是春天了吧？这样的温暖，今天夜里山草也许就绿起来了吧？就是这点儿幻想不能一时实现，他们也并不着急，因为这样慈善的冬天，干什么还希望别的呢！

（节选自《普通话水平测试实施纲要》普通话水平测试用朗读作品 17 号）

话题表达

请根据下面的话题和提纲自由表达，时间不少于三分钟。

话题：我喜爱的文学（或其他）艺术形式（普通话水平测试用话题 9）

提纲：1. 直接点明你喜欢什么样的文学（或其他）艺术形式，比如小说、散文、诗词歌赋、戏剧等等。

2. 介绍一下这种文学（或其他）艺术形式的特点及代表作品。

3. 具体谈谈你最欣赏这种文学（或其他）艺术形式的哪些方面。

自评与收获

本课自评

是否完成本课所有练习	□ 全部完成	□ 完成大部分	□ 完成小部分
对学习成果是否满意	□ 非常满意	□ 满意	□ 不太满意

我的发音词典之 uan、uang、uen、ueng

重点、难点内容	字：
	词：
	句：
我觉得自己发音发得不错的内容	字：
	词：
	句：
我觉得自己还没有完全掌握的内容	字：
	词：
	句：

第19课 üan、ün、ong、iong

学习目标

通过本课的学习，掌握 üan、ün、ong、iong 的发音要领，准确而且熟练地读出含有 üan、ün、ong、iong 的字词，正确听辨含有 üan、ün、ong、iong 的字词。

课前思考

试着朗读下面的句子。和同学交流：哪些字中包含 üan、ün、ong、iong？你读得怎么样?

1. 同行的朋友告诉我，这是为纪念二次大战中参战的勇士，募捐救济残废军人和烈士遗孀，每年一次。
2. 当这一切红光都消失了的时候，那突然显得高而远了的天空，则呈现出一片肃穆的神色。

知识解析

概念回忆

1. 请参考课前课中的“发音器官示意图”，找一找上齿龈、舌根和软腭在哪儿。
2. 请参考课前课中的“普通话韵母表”，说一说 ong 和 iong 的韵腹是什么。

知识学习

本课我们将学习 üan、ün、ong、iong 这四个鼻韵母的发音。üan、ün 是前鼻音，ong、iong 是后鼻音。练习时要特别注意 ong、iong 的发音。

下面我们具体学习一下 üan、ün、ong、iong 这四个鼻韵母。

54. üan

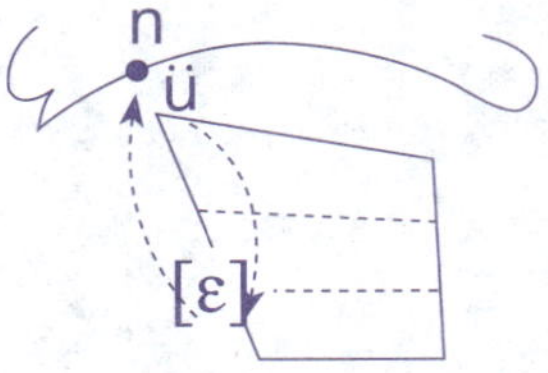

发音要领

先摆出发 ü 的口形和舌位，然后舌位滑向前半低元音 [ε]，接着舌尖迅速上移，抵住上齿龈。ü 要发得又轻又短。

示范发音

yuān 渊	yuán 元	yuǎn 远	yuàn 愿
quān 圈	quán 泉	quǎn 犬	quàn 劝
xuān 宣	xuán 旋	xuǎn 选	xuàn 炫

55. ün

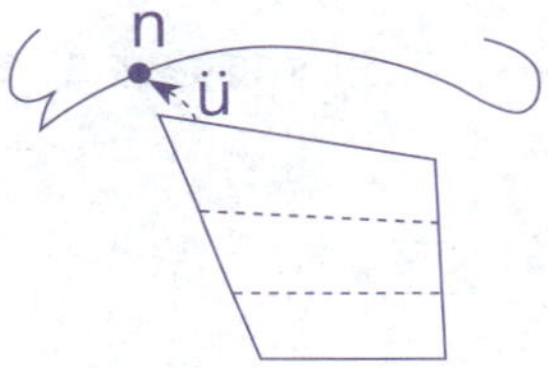

发音要领

先发 ü，然后舌尖迅速上移，抵住上齿龈，气流从鼻腔通过，发出前鼻音 -n。

示范发音

yūn 晕	yún 云	yǔn 允	yùn 运
xūn 熏	xún 询		xùn 训

56. ong

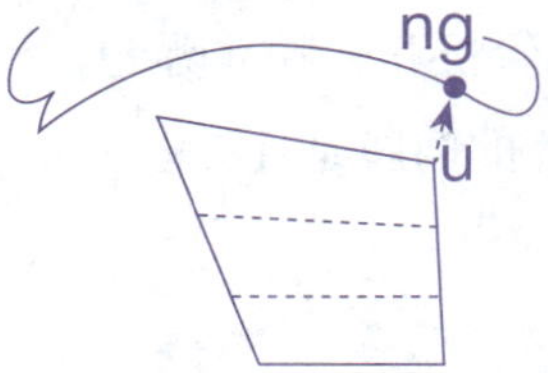

发音要领

先发 u，然后舌根迅速上移抵住软腭，气流从鼻腔通过，发出后鼻音 -ng。

示范发音

tōng 通	tóng 同	tǒng 统	tòng 痛
chōng 冲	chóng 虫	chǒng 宠	chòng 铳
hōng 轰	hóng 红	hǒng 哄	hòng 讧

57. iong

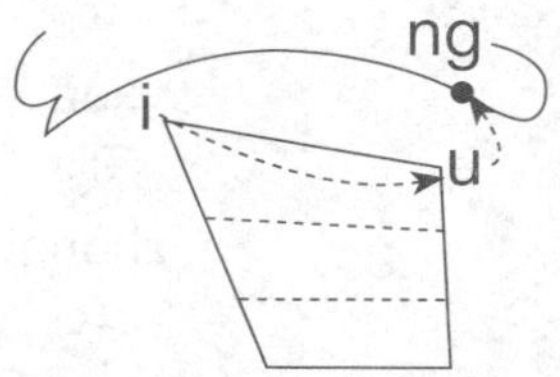

发音要领

在发好 ong 的基础上，先摆出发 i 的口形和舌位，然后迅速发出 ong。i 要发得又轻又短。

示范发音

yōng	yóng	yǒng	yòng
拥	颙	永	用
xiōng	xióng		xiòng
兄	熊		诇

知识理解

ong 和 ueng 在发音上有什么差别?

发 ong 时，是从 u 直接过渡到 -ng；发 ueng 时，是先发 u，紧接着过渡到央元音 [ə]，再过渡到 -ng。

另外，发 iong 时，是从 i 到 u 再过渡到 -ng。

基础练习

单字训练

录音"码"上听

一、按要求朗读下列汉字，注意 üan、ün、ong、iong 的发音。

1. 听示范录音并跟读。

yuān	xuán	quǎn	juàn
冤	玄	犬	倦
xūn	qún	yǔn	jùn
勋	群	允	骏
dōng	róng	gǒng	sòng
东	容	巩	送
xiōng	qióng	jiǒng	yòng
兄	穹	炯	用

2. 小组内听读互动：两人一组，互相听读。

quān 圈	yuán 缘	juǎn 卷	xuàn 渲
jūn 菌	qún 裙	yǔn 陨	xùn 汛
zōng 综	chóng 崇	lǒng 垄	zhòng 众
xiōng 胸	qióng 穷	jiǒng 迥	yòng 佣

二、按要求朗读下列汉字，注意体会每组字之间的发音差别。

1. 听示范录音并跟读。

xuān xūn 喧—熏	yuán yún 缘—云	yuǎn yǔn 远—陨	yuàn yùn 愿—蕴
sōng xiōng 松—凶	róng xióng 融—雄	kǒng yǒng 孔—涌	dòng yòng 动—用
xūn xiōng 勋—凶	qún qióng 裙—琼	yǔn yǒng 陨—勇	yùn yòng 运—用
xiān xuān 鲜—宣	yán yuán 颜—原	jiǎn juǎn 剪—卷	xiàn xuàn 羡—炫
jīn jūn 金—均	qín qún 勤—群	yǐn yǔn 引—殒	xìn xùn 信—讯

2. 小组内听读互动：两人一组，互相听读。

juān jūn 捐—军	quán qún 全—群	yuán yún 元—匀	yuàn yùn 怨—运
zōng yōng 踪—拥	chóng jiǒng 崇—窘	dǒng yǒng 懂—勇	sòng yòng 诵—用
xūn xiōng 勋—胸	xún xióng 循—雄	yǔn yǒng 允—勇	yùn yòng 孕—用
qiān quān 签—圈	yán yuán 严—元	qiǎn quǎn 浅—犬	jiàn juàn 件—卷
xīn xūn 新—熏	yín yún 银—云	yǐn yǔn 隐—陨	jìn jùn 进—竣

词语训练

录音"码"上听

一、按要求朗读下列词语，注意 üan、ün、ong、iong 的发音。

1. 听示范录音并跟读。

yuānyuán	yuángōng	qiǎnquǎn	juànniàn
渊源	员工	缱绻	眷念
juānxiàn	xuánzhuǎn	xuǎnzé	quànjiàn
捐献	旋转	选择	劝谏
jūnzǐ	qúnxióng	yǔnnuò	xiǎnjùn
君子	群雄	允诺	险峻
qūnxún	xúnwèn	yǔnshí	xùnfú
逡巡	询问	陨石	驯服
tōngxìn	lóngzhòng	kǒngdòng	nòngquán
通信	隆重	孔洞	弄权
gōnggòng	hóngwěi	chǒng'ài	zhòngduō
公共	宏伟	宠爱	众多
xiōngpú	qióngjiāng	jiǒngyì	yòngjīn
胸脯	琼浆	迥异	佣金
xiōngměng	cāngqióng	jiǒngpò	yònggōng
凶猛	苍穹	窘迫	用功

2. 小组内听读互动：两人一组，互相听读。

chánjuān	quányù	quǎnyá	juànyǒng
婵娟	痊愈	犬牙	隽永
Xuānyuán	yuánquān	yuǎnyáng	xuànyào
轩辕	圆圈	远洋	炫耀
xìjūn	qúndài	yǔnxǔ	xùnliàn
细菌	裙带	允许	训练
jūnduì	qúnzhòng	yǔnluò	xùnqī
军队	群众	陨落	汛期
hōngdòng	chóngféng	sǒngyǒng	gòngtóng
轰动	重逢	怂恿	共同
zōnghé	róngyì	lǒngduàn	kòngzhì
综合	容易	垄断	控制
xiōngdì	qióngkùn	jiǒngjiǒng	gōngyòng
兄弟	穷困	炯炯	公用
xiōngyǒng	qióngzhī	jiǒngkuàng	yùnyòng
汹涌	琼脂	窘况	运用

二、按要求朗读下列词语，注意体会每组词语之间的发音差别。

1. 听示范录音并跟读。

xuānxiāo xūntáo　yuányóu yúnyóu　yuǎnxíng yǔnxīng　yuànyì yùnyì
喧嚣 — 熏陶　缘由 — 云游　远行 — 陨星　愿意 — 蕴意

sōngshǒu xiōngshǒu　róngzī xióngzī　kǒngdòng yǒngdòng　dònglì yònglì
松手 — 凶手　融资 — 雄姿　孔洞 — 涌动　动力 — 用力

yuánxūn yuánxiōng　qúnzi qióngzhī　yǔnshí yǒngshì　yùnfèi yòngfèi
元勋 — 元凶　裙子 — 琼脂　陨石 — 勇士　运费 — 用费

xiānmíng xuānmíng　yánliào yuánliào　jiǎnzhǐ juǎnchǐ　xiànmù xuànmù
鲜明 — 宣明　颜料 — 原料　剪纸 — 卷尺　羡慕 — 炫目

jīnyín jūnyún　tuìqín tuìqún　yǐnshēn yǔnshēn　xìnhào xùnhào
金银 — 均匀　退勤 — 退群　引申 — 殒身　信号 — 讯号

2. 小组内听读互动：两人一组，互相听读。

juānqū jūnqū　quántǐ qúntǐ　yuánsù yúnsù　yuànqì yùnqi
捐躯 — 军区　全体 — 群体　元素 — 匀速　怨气 — 运气

zōngjì yōngjǐ　chóngjìng jiǒngjìng　dǒngshì yǒngshì　sòngdú yòngtú
踪迹 — 拥挤　崇敬 — 窘境　懂事 — 勇士　诵读 — 用途

xūnzhāng xiōngzhāng　xúnhuán xiónghún　yīngyǔn yīngyǒng　yùnyù yòngyì
勋章 — 胸章　循环 — 雄浑　应允 — 英勇　孕育 — 用意

qiāndìng quāndìng　yánshǒu yuánshǒu　qiǎnzǐ quǎnzǐ　shìjiàn shìjuàn
签订 — 圈定　严守 — 元首　浅紫 — 犬子　事件 — 试卷

xīnfēng xūnfēng　yínmù yúnwù　yǐnshì yǔnshí　jìngōng jùngōng
新风 — 熏风　银幕 — 云雾　隐士 — 陨石　进攻 — 竣工

自我测评

录音“码”上听

一、听录音，在你听到的词语对应的选项上画圈，然后朗读这些词语。

1. A 缘由　B 原有　C 远游　D 云游　E 拥有
2. A 踪迹　B 崇敬　C 穷尽　D 拥挤　E 雄姿
3. A 孕育　B 愿意　C 蕴意　D 用意　E 原意
4. A 允诺　B 巡逻　C 群落　D 穹隆　E 窘迫
5. A 绒衣　B 容易　C 勇于　D 庸医　E 泳衣
6. A 运动　B 涌动　C 松动　D 冲动　E 轰动

听辨自测：我做对了____道题。
需要注意的词语：

二、找出每组加点字的韵母不同的一项，然后听示范录音并跟读。

( ) 1. A 红色	B 动员	C 拥护
( ) 2. A 雄厚	B 运转	C 永久
( ) 3. A 权力	B 原理	C 韵律
( ) 4. A 穷苦	B 群居	C 迅猛
( ) 5. A 运行	B 全面	C 选拔
( ) 6. A 勇猛	B 同意	C 胸膛
( ) 7. A 宣布	B 愿望	C 严重
( ) 8. A 匀称	B 军队	C 因素

读辨自测：我做对了____道题。
需要注意的词语：

综合练习

作品朗读

录音"码"上听

朗读时，注意材料中 üan、ün、ong、iong 的发音。

● 选段1

匆匆过往的行人纷纷止步，把钱投进这些老人身旁的白色木箱内，然后向他们微微鞠躬，从他们手中接过一朵花。我看了一会儿，有人投一两元，有人投几百元，还有人掏出支票填好后投进木箱。那些老军人毫不注意人们捐多少钱，一直不停地向人们低声道谢。同行的朋友告诉我，这是为纪念二次大战中参战的勇士，募捐救济残废军人和烈士遗孀，每年一次；认捐的人可谓踊跃，而且秩序井然，气氛庄严。有些地方，人们还耐心地排着队。

（节选自《普通话水平测试实施纲要》普通话水平测试用朗读作品 21 号）

● 选段 2

天空的霞光渐渐地淡下去了，深红的颜色变成了绯红，绯红又变为浅红。最后，当这一切红光都消失了的时候，那突然显得高而远了的天空，则呈现出一片肃穆的神色。最早出现的启明星，在这蓝色的天幕上闪烁起来了。它是那么大，那么亮，整个广漠的天幕上只有它在那里放射着令人注目的光辉，活像一盏悬挂在高空的明灯。

夜色加浓，苍空中的“明灯”越来越多了。而城市各处的真的灯火也次第亮了起来，尤其是围绕在海港周围山坡上的那一片灯光，从半空倒映在乌蓝的海面上，随着波浪，晃动着，闪烁着，像一串流动着的珍珠，和那一片片密布在苍穹里的星斗互相辉映，煞是好看。

（节选自《普通话水平测试实施纲要》普通话水平测试用朗读作品 12 号）

话题表达

请根据下面的话题和提纲自由表达，时间不少于三分钟。

话题：童年的记忆（普通话水平测试用话题 5）

提纲：1. 你觉得童年的经历会怎样影响一个人未来的发展？

2. 童年生活中让你记忆最深刻的事情是什么？

3. 具体说说你为什么对这件事情记忆如此深刻，它给你的生活带来了什么影响或者启示。

自评与收获

本课自评

是否完成本课所有练习	□ 全部完成	□ 完成大部分	□ 完成小部分
对学习成果是否满意	□ 非常满意	□ 满意	□ 不太满意

我的发音词典之 üan、ün、ong、iong

重点、难点内容	字：
	词：
	句：
我觉得自己发音发得不错的内容	字：
	词：
	句：
我觉得自己还没有完全掌握的内容	字：
	词：
	句：

第 20 课　声调与语流音变

学习目标

通过本课的学习，巩固普通话单字调和双字调的发音，巩固变调、轻声和儿化的发音，正确听辨含有不同声调的字词。

课前思考

试着朗读下面的句子。和同学交流：哪些字中包含变调、轻声或儿化？你读得怎么样?

1. 爸爸以前也和你一样小，现在也不能回到你这么小的童年了；有一天你会长大，你会像外祖母一样老。
2. 从我的生活经验去判断，北平之秋便是天堂。论天气，不冷不热。论吃的，苹果、梨、柿子、枣儿、葡萄，每样都有若干种。

知识解析

概念回忆

1. 请在课前课中找到“调值”的概念，读一读，并说一说普通话四个声调的调值分别是多少。
2. 请参考“语音课堂 1：三声变调”，说一说当两个三声在一起时应该怎么读。三个三声在一起时呢?
3. 请参考“语音课堂 2：‘一’‘不’变调”，说一说“一”和“不”在什么时候会变调。
4. 请参考“语音课堂 3：轻声”，举出三个轻声词，并试着读一读。
5. 请参考“语音课堂 4：儿化”，举出三个儿化词，并试着读一读。

知识学习

本课我们将学习普通话的声调。在普通话中，声调非常重要，因为它可以用来区别意义。比如“班 bān”和“半 bàn”的声母、韵母完全相同，这两个字就是靠不同的声调来区分的，如果声调发错了，表达的意思就可能出现差错。

普通话的音节由声母、韵母和声调组成。除了极少数一直念轻声的字外，绝大多数字都有自己对应的声调。汉语的一个音节基本上对应一个汉字，因此声调也叫字调。单字调就是单音节字词的声调，双字调就是双音节词语的声调。

普通话的四个声调都有自己的特点。一声是一个又高又平的调，二声是一个升调，三声是一个降升调，四声是一个降调。其中，三声的时长是四个声调中最长的，四声的时长是最短的。

下面我们具体学习一下普通话的声调。

58. 一声，调值 55

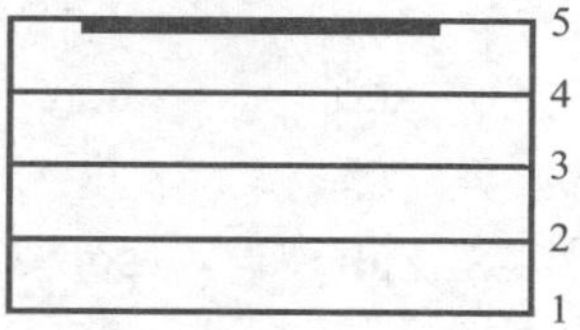

发音要领

发音时，声带始终绷得较紧，保持高音。

示范发音

dōng	xī	kāi	guān
东	西	开	关
gāo	dī	dān	shuāng
高	低	单	双

59. 二声，调值 35

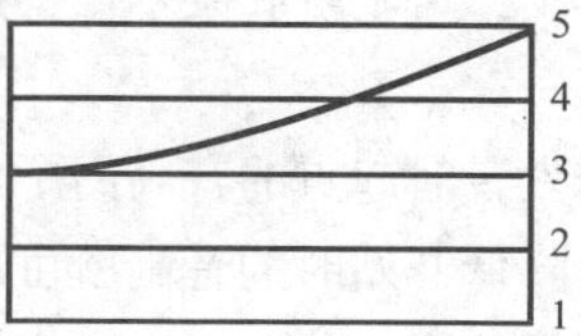

发音要领

发音时，声带从不松不紧的状态开始，逐渐绷紧，直至最紧，音高保持上升的状态。

示范发音

xián	tián	jí	máng
咸	甜	急	忙
cí	xióng	cún	wáng
雌	雄	存	亡

60. 三声，调值 214

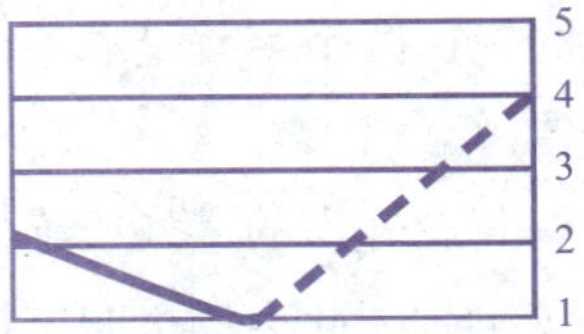

发音要领

发音时，声带从略微紧张到松弛再迅速绷紧，音高始终处在低处，用自己最低的音高发音。音高先降到最低，再升高，注意不要升到最高。

示范发音

lěng 冷	nuǎn 暖	zǎo 早	wǎn 晚
měi 美	chǒu 丑	lǎo 老	xiǎo 小

61. 四声，调值 51

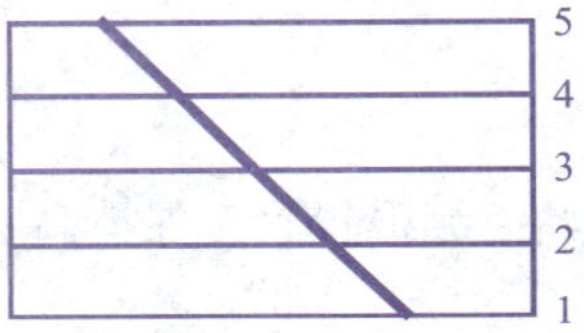

发音要领

发音时，声带从绷紧开始，然后迅速松弛，音高从最高降至最低。

示范发音

shàng 上	xià 下	kuài 快	màn 慢
ài 爱	hèn 恨	jù 聚	sàn 散

知识理解

如何发好普通话的声调?

一声的特点是高平。发音时音不仅要平，而且一定要高，否则听起来不像普通话的一声。

二声的特点是升。如果发音时感觉音升不上去，说明发音时起点的音高高了，声带已经绷紧，在音高上升的过程中声带已经无法继续绷紧。降低开始时的音高就可以解决这个问题。也可以试着发一个四声，找到四声结束时音高的位置，然后以这个音高为起点发二声。

三声的特点是低降升。“低”是三声的基本特征，发音时，用自己最低的音高发就行。三声后半段“升”的部分，发音时不用刻意强调，因为在实际语境中这个“升”段持续时间很短。

四声的特点是高降。发音时需要音高从最高处迅速地降到最低处。如果音高降得不够低，或者音高是从不太高的地方降下来的，都会听起来不像普通话的四声。

知识提升

普通话的语调

普通话的语调是语句音高变化的总体模式，是用来帮助说话人准确地表达思想、感情和态度的。比如语句末尾的音节出现的上扬或下降等趋势就是一种语调形式。根据语义，普通话的语调一般可分为四类：

1. 升调。句末音节上扬，多出现在疑问、反问等语境中，或出现在句子停顿处。例如：

时尚怎么会有如此巨大的吸引力？

你的大学是什么样子的？

2. 降调。句末音节变短变低，多出现在陈述、祈使、感叹等语境中。例如：

我们的征途是星辰大海。

人民英雄永垂不朽！

3. 平调。句末音节拉平拖长，多出现在呼喊、喊口令时，或宣读名单、公布成绩等语境中。例如：

中国队！加——油——

这次期末考试，总分第一的是——

4. 曲折调。句中某个音节被强调、拉长，中间出现曲折。这个音节可以是句末音节，也可以是句中音节。曲折调一般在表达惊奇、夸张或特殊感情的语境中出现。例如：

是吗？你能起这么早？我不信。

一直跟我通信的那个人就是**你**？

除了语句总体音高上的变化，语调还表现在词语的轻重音格式、语速、语句重音、停顿等多个方面，需要在练习时多加体会。

基础练习

单字训练

录音“码”上听

一、按要求朗读下列汉字，注意单字调的发音。

1. 听示范录音并跟读。

jū	ān	sī	wēi
居	安	思	危

méi 梅	lán 兰	zhú 竹	jú 菊
gǔ 古	diǎn 典	wǔ 舞	dǎo 蹈
wàn 万	shì 事	jù 俱	bèi 备
shān 山	míng 明	shuǐ 水	xiù 秀
qiān 千	chuí 锤	bǎi 百	liàn 炼

2. 小组内听读互动：两人一组，互相听读。

shēng 声	dōng 东	jī 击	xī 西
tíng 亭	tái 台	lóu 楼	gé 阁
qǐ 岂	yǒu 有	cǐ 此	lǐ 理
yùn 运	dòng 动	jiàn 健	jiàng 将
guāng 光	míng 明	lěi 磊	luò 落
fēng 风	tiáo 调	yǔ 雨	shùn 顺

二、按要求朗读下列汉字，注意体会每组字之间的发音差别。

1. 听示范录音并跟读。

tōng tóng 通 — 同	jiāng jiǎng 将 — 奖	jīn jìn 金 — 近
bó bō 舶 — 播	qíng qǐng 情 — 请	shí shì 识 — 示
biǎo biāo 表 — 标	zhǐ zhí 纸 — 值	xǐ xì 喜 — 细
zhòng zhōng 重 — 中	yuàn yuán 愿 — 源	yè yě 业 — 野

2. 小组内听读互动：两人一组，互相听读。

jī jí 击 — 级	jīng jǐng 晶 — 警	shōu shòu 收 — 受
shí shī 实 — 失	guó guǒ 国 — 果	shí shì 时 — 势

zhǐ　zhī	fǎng fáng	jiǎn　jiàn
指 — 知	仿—防	剪—建
zhòng zhōng	yàn　yán	dào　dǎo
重 — 忠	谚— 言	道—导

词语训练

录音“码”上听

一、按要求朗读下列词语，注意双字调、变调、轻声和儿化的发音。

1. 听示范录音并跟读。

双字调

ānxīn	ānquán	ānwěn	ānjìng
安心	安全	安稳	安静
yuányīn	yuánlái	yuánshǐ	yuánliàng
原因	原来	原始	原谅
zhǐhuī	zhǐmíng	zhǐdǎo	zhǐshì
指挥	指明	指导	指示
duìfāng	duìyú	duìbǐ	duìxiàng
对方	对于	对比	对象

“一”“不”变调

yìbān	yìzhí	yìqǐ	yídàn
一般	一直	一起	一旦
yìxīn	yìqí	yìzǎo	yíqiè
一心	一齐	一早	一切
bù'ān	bùxíng	bùguǎn	búguò
不安	不行	不管	不过
bùjīn	bùrú	bùxǔ	búyào
不禁	不如	不许	不要

三声变调

yǐndǎo	bǐcǐ	cǎifǎng	gǎnrǎn
引导	彼此	采访	感染
guǎnlǐ	hǎozhuǎn	jiǎnshǎo	kěyǐ
管理	好转	减少	可以
lǐngdǎo	mǎyǐ	qǐmǎ	shuǐguǒ
领导	蚂蚁	起码	水果
suǒyǒu	xǐzǎo	xiǎozǔ	zhǐhǎo
所有	洗澡	小组	只好
xǐliǎnshuǐ	dǎbǎchǎng	guǎnlǐzǔ	
洗脸水	打靶场	管理组	

dǎngxiǎozǔ 党小组	zhǐlǎohǔ 纸老虎	xiǎomǔzhǐ 小拇指	

轻声

chēzi 车子	fángzi 房子	zhǒngzi 种子	jùzi 句子
bēizi 杯子	píngzi 瓶子	chǐzi 尺子	kùzi 裤子
chuānghu 窗户	míngbai 明白	mǎimai 买卖	dìfang 地方
qīnqi 亲戚	liángshi 粮食	nǎodai 脑袋	gàosu 告诉
guānxi 关系	tóufa 头发	wěiqu 委屈	shìde 似的
shōushi 收拾	shíhou 时候	zǎoshang 早上	xiàohua 笑话

儿化

zài nǎr 在哪儿	dàhuǒr 大伙儿	mótèr 模特儿	zǎohúr 枣核儿
yíhuìr 一会儿	yíkuàir 一块儿	fànguǎnr 饭馆儿	chàdiǎnr 差点儿
lǎobànr 老伴儿	hǎowánr 好玩儿	liáotiānr 聊天儿	dǎdǔnr 打盹儿
rényǐngr 人影儿	méndòngr 门洞儿	wányìr 玩意儿	shízǐr 石子儿

2. 小组内听读互动：两人一组，互相听读。

双字调

fāshēng 发生	fāmíng 发明	fābiǎo 发表	fāxiàn 发现
chénggōng 成功	chéngshú 成熟	chéngguǒ 成果	chénglì 成立
tǐjī 体积	tǐcái 体裁	tǐjiǎn 体检	tǐxiàn 体现
zìchēng 自称	zìrán 自然	zìwǒ 自我	zìdòng 自动

“一”“不”变调

yìbiān 一边	yìtóng 一同	yìtǐ 一体	yídìng 一定
yìduān 一端	yìrú 一如	yìjǔ 一举	yígòng 一共

bùguāng 不光	bùzú 不足	bùjiǔ 不久	búcuò 不错
bùkān 不堪	bùrán 不然	bùmǎn 不满	búduàn 不断

三声变调

yěxǔ 也许	yǒngyuǎn 永远	yǒuhǎo 友好	biǎoyǎn 表演
chǎnpǐn 产品	guǎngchǎng 广场	gǔlǎo 古老	jǐyǔ 给予
jǐnguǎn 尽管	lǎobǎn 老板	miǎnqiǎng 勉强	pǐnzhǒng 品种
shǒufǎ 手法	xiǎngyǒu 享有	zǒnglǐ 总理	zhǔdǎo 主导
yǒnggǎnzhě 勇敢者	shǒuxiětǐ 手写体	zhǎnlǎnguǎn 展览馆	
lěngchǔlǐ 冷处理	zhǐyǔsǎn 纸雨伞	mǎi shǒubiǎo 买手表	

轻声

xiāngzi 箱子	háizi 孩子	sǎozi 嫂子	bèizi 被子
dīngzi 钉子	chóngzi 虫子	jiǎozi 饺子	bùzi 步子
cāngying 苍蝇	hétong 合同	běnshi 本事	duìwu 队伍
dānwu 耽误	míngzi 名字	dǎban 打扮	dòngjing 动静
shūfu 舒服	piányi 便宜	kǒudai 口袋	lìhai 厉害
xiūxi 休息	shúxi 熟悉	lǎoshi 老实	gùshi 故事

儿化

dào nàr 到那儿	dēngpàor 灯泡儿	zài zhèr 在这儿	niántóur 年头儿
yìdiǎnr 一点儿	gēmenr 哥们儿	méizhǔnr 没准儿	shǒujuànr 手绢儿
míngpáir 名牌儿	nàmènr 纳闷儿	xīnyǎnr 心眼儿	zhàlanr 栅栏儿
bógěngr 脖颈儿	hútòngr 胡同儿	diàndǐr 垫底儿	mòzhīr 墨汁儿

二、按要求朗读下列词语，注意体会每组词语之间的发音差别。

1. 听示范录音并跟读。

双字调

xiāngtōng xiāngtóng	shēnqíng shēnqǐng	jīngxǐ jīngxì	shūsòng shūsōng
相通 — 相同	深情 — 申请	惊喜 — 精细	输送 — 疏松
chuánbō chuánbó	chéngrén chéngrèn	déyǐ déyì	qiánzhì qiánzhī
传播 — 船舶	成人 — 承认	得以 — 得意	潜质 — 前肢
jiǎngjīn jiāngjìn	bǎozhí bàozhǐ	fǎnfǔ fǎnfù	biǎoshì biāoshí
奖金 — 将近	保值 — 报纸	反腐 — 反复	表示 — 标识
zhòngxīn zhōngxīn	quèshí quēshī	shìyě shìyè	zìyuàn zīyuán
重心 — 中心	确实 — 缺失	视野 — 事业	自愿 — 资源

轻声

wūzì wūzi	wénzì wénzi	běn shì běnshi	ànzì ànzi
污渍 — 屋子	文字 — 蚊子	本市 — 本事	暗自 — 案子
shùfù shūfu	dízǐ dízi	huǒjī huǒji	jièzhì jièzhi
束缚 — 舒服	嫡子 — 笛子	火鸡 — 伙计	介质 — 戒指

2. 小组内听读互动：两人一组，互相听读。

双字调

chūjī chūjí	gōngrén gōngrèn	xiūjiǎn xiūjiàn	jiēshòu jiēshōu
出击 — 初级	工人 — 公认	修剪 — 修建	接受 — 接收
míngshēng míngshèng	chángshí chángshì	yuán yǒu yuányóu	guóshì guǒshí
名声 — 名胜	常识 — 尝试	原有 — 缘由	国事 — 果实
fǎngzhēn fángzhèn	yǒushí yōushì	zhǐdǎo zhīdào	jǐngtì jīngtǐ
仿真 — 防震	有时 — 优势	指导 — 知道	警惕 — 晶体
wùzī wūzì	zuòwéi zuòwèi	yànyǔ yányǔ	zhòngshì zhōngshí
物资 — 污渍	作为 — 座位	谚语 — 言语	重视 — 忠实

轻声

Xī Hàn xīhan	liánzǐ liánzi	bǐshì bǐshi	lìhài lìhai
西汉 — 稀罕	莲子 — 帘子	笔试 — 比试	利害 — 厉害
yānzhì yānzhi	fúqì fúqi	shǒushì shǒushi	shìgù shìgu
腌制 — 胭脂	服气 — 福气	手势 — 首饰	事故 — 世故

自我测评

录音“码”上听

一、听录音，在你听到的词语对应的选项上画圈，然后朗读这些词语。

1. A 经理　B 精力　C 警力　D 敬礼　E 净利

2. A 物资　B 污渍　C 屋子　D 无字　E 舞姿

3. A 一直　B 一致　C 移植　D 已知　E 抑制

4. A 方针　B 方阵　C 防震　D 仿真　E 放赈

5. A 知识　B 直视　C 指使　D 指示　E 致使

6. A 揭示　B 结实　C 结识　D 解释　E 届时

听辨自测：我做对了____道题。
需要注意的词语：

二、找出每组加点字的声调不同的一项，然后听示范录音并跟读。

(　　) 1. A 去世　B 趋势　C 趣事

(　　) 2. A 中心　B 重心　C 衷心

(　　) 3. A 失业　B 事业　C 视野

(　　) 4. A 出击　B 初级　C 触及

(　　) 5. A 交集　B 交际　C 焦急

(　　) 6. A 针织　B 真挚　C 诊治

读辨自测：我做对了____道题。
需要注意的词语：

综合练习

作品朗读

录音"码"上听

朗读时，注意材料中变调、轻声和儿化的发音。

● 选段 1

"什么是永远不会回来呢？"我问着。

"所有时间里的事物，都永远不会回来。你的昨天过去，它就永远变成昨天，你不能再回到昨天。爸爸以前也和你一样小，现在也不能回到你这么小的童年了；

有一天你会长大，你会像外祖母一样老；有一天你度过了你的时间，就永远不会回来了。”爸爸说。

爸爸等于给我一个谜语，这谜语比课本上的“日历挂在墙壁，一天撕去一页，使我心里着急”和“一寸光阴一寸金，寸金难买寸光阴”还让我感到可怕；也比作文本上的“光阴似箭，日月如梭”更让我觉得有一种说不出的滋味。

（节选自《普通话水平测试实施纲要》普通话水平测试用朗读作品14号）

- 选段2

秋天一定要住北平。天堂是什么样子，我不知道，但是从我的生活经验去判断，北平之秋便是天堂。论天气，不冷不热。论吃的，苹果、梨、柿子、枣儿、葡萄，每样都有若干种。论花草，菊花种类之多，花式之奇，可以甲天下。西山有红叶可见，北海可以划船——虽然荷花已残，荷叶可还有一片清香。衣食住行，在北平的秋天，是没有一项不使人满意的。

冬天，我还没有打好主意，成都或者相当地合适，虽然并不怎样和暖，可是为了水仙，素心蜡梅，各色的茶花，仿佛就受一点儿寒冷，也颇值得去了。昆明的花也多，而且天气比成都好，可是旧书铺与精美而便宜的小吃远不及成都那么多。好吧，就暂这么规定：冬天不住成都便住昆明吧。

（节选自《普通话水平测试实施纲要》普通话水平测试用朗读作品58号）

话题表达

请根据下面的话题和提纲自由表达，时间不少于三分钟。

话题：我向往的地方（普通话水平测试用话题29）

提纲：1. 你最向往的地方是哪里？

2. 那个地方为什么如此吸引你？

3. 如果有可能，你是选择在那个地方长期居住还是短期旅行？请谈谈原因。

自评与收获

本课自评

是否完成本课所有练习	□ 全部完成	□ 完成大部分	□ 完成小部分
对学习成果是否满意	□ 非常满意	□ 满意	□ 不太满意

我的发音词典之变调、轻声、儿化

重点、难点内容	字：
	词：
	句：
我觉得自己发音发得不错的内容	字：
	词：
	句：
我觉得自己还没有完全掌握的内容	字：
	词：
	句：

语音课堂 5 语气词“啊”的音变

语气词“啊”会与前面的字发生连音现象，读音会随前面音节尾音的不同而发生不同的语音变化。具体音变情况如下：

1. 当前字音节以 a、i、ü 结尾时，读 ya，可写作“呀”。例如：

他呀　爬呀　你呀　踢呀　雨呀　驴呀

2. 当前字音节以 o、e 结尾时，可读 a 也可读 ya，写作“啊”或“呀”。例如：

我啊（呀）　摸啊（呀）　饿啊（呀）　喝啊（呀）　写啊（呀）　约啊（呀）

3. 当前字音节以 u 结尾时（包括 ao，因为 ao 的读音是 [au]），读 wa，可写作“哇”。例如：

不哇　哭哇　找哇　好哇　走哇　肉哇

4. 当前字音节以 -n 结尾时，读 na，可写作“哪”。例如：

看哪　天哪　人哪　困哪　您哪　晕哪

5. 当前字音节以 -ng 结尾时，读 nga，仍写作“啊”。例如：

上啊　让啊　冷啊　疼啊　行啊　听啊

6. 当前字音节以 -i（前）结尾时，可读 a 也可读 [z]a，仍写作“啊”。例如：

字啊　词啊　四啊

7. 当前字音节以 -i（后）结尾时，可读 a 也可读 ra，仍写作“啊”。例如：

值啊　吃啊　事啊　星期日啊

自我测评部分参考答案

第1课 ɑ、o、e

一、

1. 跋涉　　薄弱　　波折
2. 伯乐　　泼辣　　发蜡
3. 唾沫　　耷拉　　疙瘩
4. 博得　　夺得　　德国
5. 蛤蟆　　沙漠　　魔法
6. 发达　　隔膜　　泼墨

二、

1. C　2. C　3. A　4. B　5. C　6. B

第2课 i、u、ü

一、

1. 物体　　议题　　语体
2. 雨衣　　武艺　　意义
3. 期间　　起见　　区间
4. 仪式　　意识　　于是
5. 语气　　仪器　　武器
6. 房屋　　防疫　　防御

二、

1. C　2. B　3. B　4. C　5. B　6. A

第3课 b、d、g

一、

1. 鼻子　　地理　　点滴
2. 报道　　高大　　到达
3. 斑纹　　感人　　感动
4. 固执　　布置　　妒忌
5. 国度　　夺目　　驳回

6. 得意　　隔壁　　玻璃

二、

1. C　2. A　3. A　4. B　5. A　6. C

第4课　p、t、k

一、

1. 投机　　剖析　　炮击
2. 探望　　判断　　谈判
3. 客气　　空气　　刻意
4. 苦痛　　图腾　　普通
5. 攀登　　推断　　勘探
6. 瞥见　　偏见　　贴近

二、

1. B　2. C　3. B　4. A　5. A　6. C

第5课　b–p、d–t、g–k

一、

1. 碧波　　体魄　　批驳
2. 板子　　杆子　　盘子
3. 步子　　肚子　　裤子
4. 提示　　批示　　地势
5. 通知　　冬至　　控制
6. 孤立　　苦力　　独立

二、

1. C　2. B　3. B　4. C　5. B　6. A

第6课　m、n、l

一、

1. 隆重　　萌动　　挪动
2. 瞭望　　鸟瞰　　藐视
3. 棉花　　连线　　年限
4. 明示　　凝望　　聆听

5. 冒失　　老师　　脑子
6. 利益　　厘米　　礼仪

二、

1. C　2. A　3. B　4. B　5. A　6. A

第7课　f、h

一、

1. 繁盛　　环绕　　翻身
2. 泛起　　唤起　　晦气
3. 方圆　　皇宫　　防空
4. 废液　　扉页　　恢宏
5. 粉红　　婚配　　浑厚
6. 法理　　福利　　华丽

二、

1. A　2. B　3. C　4. B　5. C　6. C

第8课　j、q、x

一、

1. 气流　　溪流　　集邮
2. 寝室　　形式　　学士
3. 坚定　　轻盈　　心情
4. 启迪　　契机　　积极
5. 绝密　　确立　　惬意
6. 叙事　　趋势　　虚实

二、

1. B　2. A　3. A　4. B　5. C　6. C

第9课　z、c、s

一、

1. 私心　　资金　　司机
2. 所谓　　作为　　错位
3. 早期　　操心　　扫兴

4. 踩碎　　再会　　塞回
5. 粗心　　苏醒　　促进
6. 继续　　次序　　思绪

二、

1. A　2. A　3. B　4. B　5. A　6. B

第 10 课　zh、ch、sh、r

一、

1. 失误　　植物　　支付
2. 哲理　　热力　　撤离
3. 真实　　称职　　甚至
4. 长椅　　商议　　仗义
5. 收取　　筹集　　周期
6. 书籍　　出击　　逐级

二、

1. B　2. A　3. A　4. C　5. C　6. B　7. A　8. C

第 11 课　z、c、s、zh、ch、sh

一、

1. 招收　　操守　　超常
2. 实质　　赤字　　姿势
3. 终止　　总之　　充实
4. 展示　　蚕食　　膳食
5. 生殖　　惩治　　增值
6. 住房　　粗放　　书房

二、

1. A　2. C　3. B　4. B　5. C　6. C

第 12 课　l、r

一、

1. 日益　　日历　　力气
2. 炉子　　孺子　　褥子

3. 绕道　　楼道　　唠叨
4. 履任　　离任　　利润
5. 融进　　扔进　　冷静
6. 乐意　　热力　　乐园

二、

1. B　2. A　3. C　4. A　5. B　6. A

第 13 课　ai、ei、ao、ou

一、

1. 来历　　美丽　　卖力
2. 概述　　盖住　　钩住
3. 北方　　拜访　　包房
4. 漏电　　雷电　　老店
5. 呕心　　耐心　　闹心
6. 早读　　再度　　遭贼

二、

1. B　2. C　3. C　4. C　5. A　6. B　7. B　8. A

第 14 课　ia、ie、ua、uo、üe

一、

1. 叶子　　袜子　　月食
2. 解说　　佳作　　矍铄
3. 桌子　　爪子　　捉紧
4. 确实　　茄子　　恰似
5. 阶段　　夹断　　决断
6. 果实　　过失　　挂饰

二、

1. B　2. A　3. C　4. B　5. A　6. A

第 15 课　iao、iou、uai、uei、er

一、

1. 幼稚　　优质　　要职

2. 摇曳　　游戏　　耀眼
3. 未来　　回来　　外来
4. 睡觉　　衰老　　甩掉
5. 围棋　　油漆　　尾气
6. 包围　　包邮　　保佑

二、

1. B　2. C　3. A　4. A　5. B　6. C

第 16 课　an、ang、ian、iang

一、

1. 伤势　　赏识　　散失
2. 当心　　崭新　　党性
3. 强制　　墙纸　　牵制
4. 安置　　研制　　胭脂
5. 班机　　边际　　编辑
6. 相似　　商船　　上传

二、

1. C　2. A　3. C　4. B　5. C　6. B　7. A　8. B

第 17 课　en、eng、in、ing

一、

1. 诊治　　整治　　正直
2. 成绩　　趁机　　沉寂
3. 阴极　　应急　　阴云
4. 伶俐　　静谧　　紧密
5. 顶级　　登记　　等级
6. 民生　　萌生　　门诊

二、

1. B　2. A　3. B　4. C　5. C　6. B

第18课 uan、uang、uen、ueng

一、

1. 撞击　　转机　　传记
2. 缓急　　还击　　荒寂
3. 纯净　　淳朴　　尘土
4. 温情　　深情　　恩情
5. 枉然　　茫然　　盎然
6. 创始　　常识　　尝试

二、

1. B　2. C　3. A　4. C　5. C　6. A　7. C　8. C

第19课 üan、ün、ong、iong

一、

1. 拥有　　缘由　　云游
2. 拥挤　　崇敬　　雄姿
3. 用意　　愿意　　孕育
4. 穹隆　　允诺　　巡逻
5. 勇于　　容易　　泳衣
6. 轰动　　运动　　涌动

二、

1. C　2. B　3. C　4. A　5. A　6. B　7. C　8. C

第20课 声调与语流音变

一、

1. 警力　　精力　　敬礼
2. 屋子　　舞姿　　物资
3. 抑制　　一直　　移植
4. 仿真　　方针　　防震
5. 直视　　致使　　知识
6. 结实　　解释　　结识

二、

1. B　2. B　3. A　4. C　5. B　6. C

附　录

普通话语音音节表 *

表一　声母与开口呼韵母相拼的音节

声母	韵母													
	a	o	e	ê	i(前) i(后)	er	ai	ei	ao	ou	an	en	ang	eng
零	a 1234	o 1234	e 1234	ê 1234		er 234	ai 1234		ao 1234	ou 1234	an 1 34	en 1　4	ang 12 4	eng 1
b	ba 1234	bo 1234					bai 1234	bei 1 34	bao 1234		ban 1 34	ben 1 34	bang 1 34	beng 1234
p	pa 12 4	po 1234					pai 1234	pei 12 4	pao 1234	pou 123	pan 12 4	pen 12 4	pang 1234	peng 1234
m	ma 1234	mo 1234	me				mai 234	mei 234	mao 1234	mou 123	man 1234	men 12 4	mang 123	meng 1234
f	fa 1234	fo 2						fei 1234		fou 3	fan 1234	fen 1234	fang 1234	feng 1234
d	da 1234		de 12				dai 1 34	dei 1 3	dao 1234	dou 1 34	dan 1 34		dang 1 34	deng 1 34
t	ta 1 34		te 4				tai 1234		tao 1234	tou 1234	tan 1234		tang 1234	teng 12
n	na 1234		ne 2 4				nai 34	nei 34	nao 234	nou 4	nan 234	nen 4	nang 1234	neng 2
l	la 1234	lo	le 1　4				lai 2 4	lei 1234	lao 1234	lou 1234	lan 234		lang 1234	leng 1234

* 本表所收录音节未包括某些语气词（特别是以辅音充当音节的）的音节，例如 hm（噷）、hng（哼）、m（呣）、n（嗯）、ng（唔）、yo（唷、哟）等，或某些虽常见但方言色彩较重的词的音节，例如 dè（嘚）、diǎ（嗲）、nī（妮）、shá（啥）等。

（续表）

声母	韵母													
	a	o	e	ê	i(前) i(后)	er	ai	ei	ao	ou	an	en	ang	eng
g	ga 1234		ge 1234				gai 1 34	gei 3	gao 1 34	gou 1 34	gan 1 34	gen 1 4	gang 1 34	geng 1 34
k	ka 1 3		ke 1234				kai 1 34		kao 1 34	kou 1 34	kan 1 34	ken 34	kang 12 4	keng 1
h	ha 1234		he 12 4				hai 1234	hei 1	hao 1234	hou 1234	han 1234	hen 234	hang 12 4	heng 12 4
z	za 123		ze 2 4		zi 1 34		zai 1 34	zei 2	zao 1234	zou 1 34	zan 1234	zen 34	zang 1 34	zeng 1 4
c	ca 1 3		ce 4		ci 1234		cai 1234	cei 4	cao 1234	cou 4	can 1234	cen 12	cang 12	ceng 12 4
s	sa 1 34		se 4		si 1 34		sai 1 4		sao 1 34	sou 1 34	san 1 34	sen 1	sang 1 34	seng 1
zh	zha 1234		zhe 1234		zhi 1234		zhai 1234	zhei 4	zhao 1234	zhou 1234	zhan 1 34	zhen 1 34	zhang 1 34	zheng 1 34
ch	cha 1234		che 1 34		chi 1234		chai 1234		chao 1234	chou 1234	chan 1234	chen 1234	chang 1234	cheng 1234
sh	sha 1 34		she 1234		shi 1234		shai 1 34	shei 2	shao 1234	shou 1234	shan 1 34	shen 1234	shang 1 34	sheng 1234
r			re 34		ri 4				rao 234	rou 2 4	ran 23	ren 234	rang 1234	reng 12

表二 声母与齐齿呼韵母相拼的音节

声母	韵母								
	i	ia	ie	iao	iou	ian	in	iang	ing
零	yi 1234	ya 1234	ye 1234	yao 1234	you 1234	yan 1234	yin 1234	yang 1234	ying 1234
b	bi 1234		bie 1234	biao 1 34		bian 1 34	bin 1 4		bing 1 34
p	pi 1234		pie 1 34	piao 1234		pian 1234	pin 1234		ping 12
m	mi 1234		mie 1 4	miao 1234	miu 4	mian 234	min 23		ming 234
d	di 1234		die 12	diao 1 34	diu 1	dian 1 34			ding 1 34
t	ti 1234		tie 1 34	tiao 1234		tian 1234			ting 1234
n	ni 234		nie 1 4	niao 34	niu 1234	nian 1234	nin 2	niang 2 4	ning 234
l	li 1234	lia 3	lie 1 34	liao 1234	liu 1234	lian 234	lin 1234	liang 234	ling 234
j	ji 1234	jia 1234	jie 1234	jiao 1234	jiu 1 34	jian 1 34	jin 1 34	jiang 1 34	jing 1 34
q	qi 1234	qia 1234	qie 1234	qiao 1234	qiu 123	qian 1234	qin 1234	qiang 1234	qing 1234
x	xi 1234	xia 12 4	xie 1234	xiao 1234	xiu 1 34	xian 1234	xin 1234	xiang 1234	xing 1234

表三　声母与合口呼韵母相拼的音节

声母	韵母									
	u	ua	uo	uai	uei	uan	uen	uang	ueng	ong
零	wu 1234	wa 1234	wo 1 34	wai 1 34	wei 1234	wan 1234	wen 1234	wang 1234	weng 1 34	
b	bu 1234									
p	pu 1234									
m	mu 234									
f	fu 1234									
d	du 1234		duo 1234		dui 1　4	duan 1 34	dun 1 34			dong 1 34
t	tu 1234		tuo 1234		tui 1234	tuan 1234	tun 12 4			tong 1234
n	nu 234		nuo 2 4			nuan 3	nun 2			nong 2 4
l	lu 1234		luo 1234			luan 234	lun 12 4			long 1234
g	gu 1 34	gua 1 34	guo 1234	guai 1 34	gui 1 34	guan 1 34	gun 34	guang 1 34		gong 1 34
k	ku 1 34	kua 1 34	kuo 4	kuai 34	kui 1234	kuan 1 3	kun 1 34	kuang 12 4		kong 1 34
h	hu 1234	hua 12 4	huo 1234	huai 2 4	hui 1234	huan 1234	hun 12 4	huang 1234		hong 1234
z	zu 123		zuo 1234		zui 34	zuan 1 34	zun 1 34			zong 1 34

（续表）

声母	韵母									
	u	ua	uo	uai	uei	uan	uen	uang	ueng	ong
c	cu 12 4		cuo 1234		cui 1 34	cuan 12 4	cun 1234			cong 12
s	su 12 4		suo 1 3		sui 1234	suan 1 4	sun 1 3			song 1234
zh	zhu 1234	zhua 1 3	zhuo 12	zhuai 1 34	zhui 1 4	zhuan 1 34	zhun 1 3	zhuang 1 34		zhong 1 34
ch	chu 1234	chua 1	chuo 1 4	chuai 1 34	chui 12	chuan 1234	chun 123	chuang 1234		chong 1234
sh	shu 1234	shua 1 3	shuo 1 4	shuai 1 34	shui 234	shuan 1 4	shun 34	shuang 1 3		
r	ru 234		ruo 2 4		rui 234	ruan 23	run 2 4			rong 23

表四 声母与撮口呼韵母相拼的音节

声母	韵母				
	ü	üe	üan	ün	iong
零	yu 1234	yue 1 34	yuan 1234	yun 1234	yong 1234
n	nü 34	nüe 4			
l	lü 234	lüe 4			
j	ju 1234	jue 1234	juan 1 34	jun 1 4	jiong 1 3
q	qu 1234	que 12 4	quan 1234	qun 12	qiong 2
x	xu 1234	xue 1234	xuan 1234	xun 12 4	xiong 12 4

参考文献

［1］北京大学中文系现代汉语教研室．现代汉语（增订本）．北京：商务印书馆，2012.

［2］国家语言文字工作委员会普通话培训测试中心．普通话水平测试实施纲要．北京：商务印书馆，2004.

［3］吴宗济，林茂灿．实验语音学概要（增订版）．北京：北京大学出版社，2014.

［4］林焘，王理嘉．语音学教程（增订版）．北京：北京大学出版社，2013.

［5］曹文．汉语语音教程．北京：北京语言大学出版社，2002.

［6］曹文．汉语语音训练．北京：北京大学出版社，2008.

［7］徐世荣．普通话语音常识．北京：语文出版社，1999.

［8］李明，石佩雯．汉语普通话语音辨正．北京：北京语言大学出版社，1986.

［9］刘广徽，金晓达．汉语普通话语音图解课本·学生用书（修订版）．北京：北京语言大学出版社，2011.

［10］金晓达，刘广徽．汉语普通话语音图解课本·教师用书（增补版）．北京：北京语言大学出版社，2009.

［11］金晓达，曹文，刘广徽．汉语普通话语音教学示意图．北京：北京语言大学出版社，2005.

［12］刘广徽，王丽娟．汉语语音教学．北京：北京语言大学出版社，2020.

［13］何平，王静．新汉语普通话教程·语音篇．北京：北京语言大学出版社，2014.

［14］王若江．汉语正音教程．北京：北京大学出版社，2005.